Alfons Kaiser · Der Religionsunterricht in der Schule

Alfons Kaiser

›Der Religionsunterricht in der Schule‹

Der Beschluß der ›Gemeinsamen Synode
der Bistümer der Bundesrepublik Deutschland‹
aus erziehungswissenschaftlicher Sicht

Kösel-Verlag München

CIP-Kurztitelaufnahme der Deutschen Bibliothek

Kaiser, Alfons:
Der Religionsunterricht in der Schule:
Der Beschluß der „Gemeinsamen Synode der Bistümer der Bundesrepublik Deutschland“ aus erziehungswissenschaftlicher Sicht/Alfons Kaiser. – München: Kösel, 1980.
ISBN 3-466-36062-5

ISBN 3-466-36062-5

Satz: R. & J. Blank, Composer- & Fotosatzstudio GmbH, München.
Druck und Bindung: fotokop, Wilhelm Weihert KG, Darmstadt.
Umschlaggestaltung: Günther Oberhauser, München.

Inhalt

Vorwort

Im Synodenpapier „Der Religionsunterricht in der Schule“ wird die Forderung aufgestellt, daß zukünftiger Religionsunterricht „in der Schnittlinie von pädagogischen und theologischen Begründungen“ liegt. Damit wird Pädagogik gleichgewichtig neben Theologie gestellt.
Die Forderungen des Synodenbeschlusses stehen nicht isoliert im erziehungswissenschaftlichen Raume, sondern sind von den gegenwärtigen Erkenntnissen und Diskussionen der Erziehungswissenschaft beeinflußt. Wie stark diese Beeinflussung ist und von welcher Richtung sie kommt, versucht diese Arbeit zu analysieren. Damit nun der Vergleich zwischen den Aussagen der Synode und den einzelnen erziehungswissenschaftlichen Richtungen vom Leser selbst nachvollzogen werden kann, werden die Meinungen, Diskussionen und Feststellungen der für diese Entwicklung maßgeblichen Autoren wörtlich zitiert und nicht nur sinngemäß wiedergegeben. Da auch der Wortlaut des Synodenbeschlusses in vollem Umfange in dieses Buch aufgenommen wurde, besteht für den Leser die Möglichkeit, selbst entsprechende Vergleiche vorzunehmen. Der Autor sieht dabei seine Aufgabe darin, den derzeitigen erziehungswissenschaftlichen und religionspädagogischen Diskussionsstand aus seiner Sicht zusammenzustellen und ihn als Hilfe zur Analyse anzubieten.
Dieses Buch ist keine Handreichung für die unmittelbare Praxis des Religionsunterrichtes; es kann aber jedem Praktiker Anregungen geben, seinen religionspädagogischen Standort aus erziehungswissenschaftlicher Sicht zu überdenken. Besonders Studenten und allen, die sich auf die Erteilung von Religionsunterricht vorbereiten, bietet das Buch in leicht verständlicher – für Fachleute zugegebenermaßen stellenweise vielleicht zu vereinfachter – Form eine Übersicht über erziehungswissenschaftliche Gedankengänge und Entwicklungen in bezug auf die dargestellten Hauptkategorien.
Ein besonderer Schwerpunkt wird auf das Erziehungsziel „Emanzipation“ (nicht verstanden als ein operationalisiertes Ziel) gelegt. Dies deshalb, weil das Christentum dazu einen spezifischen Beitrag leisten kann, der dem Menschen die Möglichkeit gibt, nicht nur auf eine partielle Emanzipation fixiert zu sein.
Es sind bereits sechs Jahre her, daß das Synodenpapier beschlossen wurde. Soll die dort gutgeheißene Konzeption nicht in Vergessenheit geraten, so bedarf es immer wieder der Aufforderung aller an einem „guten“ Religionsunterricht Interessierten, über die Zielvorstellungen des Beschlusses nachzudenken. Dieses Buch will seinen Beitrag dazu leisten.

Alfons Kaiser

A Problemstellung der Arbeit

Auf der Gemeinsamen Synode der Bistümer in der Bundesrepublik Deutschland wurde auf der 6. Vollversammlung vom 20.–24.11.1974 von den Mitgliedern der Synode ein Papier verabschiedet mit dem Titel: *Der Religionsunterricht in der Schule.* Dieser Beschluß sollte richtungsweisend sein für die zukünftige religionspädagogische Arbeit im katholischen Religionsunterricht in der Schule.

Ob ein Fach in einem pluralistischen Staat in der Schule unterrichtet werden kann, hängt davon ab, welchen Beitrag es zur Erfüllung des Bildungs- und Erziehungsauftrages der Schule leistet, d.h. jedes Fach muß pädagogisch begründbar sein.

Da der Synodenbeschluß diesen pädagogischen Bezug nachweisen wollte, werden in diesem Buch folgende zwei Fragen untersucht:

1. Inwieweit haben Forderungen der derzeitigen Erziehungswissenschaft für den im Synodenbeschluß konzipierten Religionsunterricht Gültigkeit?

2. Ist der Beschluß in sich pädagogisch „stimmig", d.h. werden keine verschiedenen widersprüchlichen oder sich ausschließenden pädagogischen Positionen vertreten?

B Der Beschluß

I. DIE ERSTE SYNODE IN DER BUNDESREPUBLIK DEUTSCHLAND

Erstmals wurde in der Bundesrepublik Deutschland vom 3. Januar 1971 bis 23. November 1975 eine Gemeinsame Synode der Bistümer durchgeführt. Die Einberufung dieser Synode könnte in folgendem begründet sein: Seit dem Zweiten Vatikanischen Konzil kam wieder der Synodalgedanke, der seit dem 16. Jahrhundert verdrängt worden war, in der Kirche neu zum Durchbruch; entscheidend dürfte die Konzilsaussage sein, daß das Gottesvolk als Gesamtheit, da alle den Heiligen Geist empfangen haben, im Glauben unfehlbar sei *(Emeis/ Sauermost)*[1]. Außerdem wurde immer mehr unter den Mitgliedern der Kirche der Ruf nach mehr Demokratie innerhalb der Kirche laut. Deutlich spürte man dies auf dem Katholikentag 1968 in Essen, wo starke Kritik an der bisherigen Struktur der Kirche einsetzte. Dazu kam der erfolgreiche Verlauf des holländischen Pastoral-Konzils.
All dies dürfte dazu beigetragen haben, daß im November 1968 die deutsche Bischofskonferenz eine Studiengruppe einsetzte, die die Voraussetzungen für eine Gemeinsame Synode der Bistümer prüfen sollte. Bereits im Februar 1969 beschließt die deutsche Bischofskonferenz, eine Gemeinsame Synode abzuhalten.
Es erübrigt sich hier zu diskutieren, inwieweit demokratische Spielregeln bei der Zusammensetzung der Synode eine Rolle gespielt haben, da nur die Hälfte der Synodalen nach einem bestimmten Verfahren gewählt wurden und da über die Hälfte Kleriker sein mußten. Für eine Kirche, in der es seit Jahrhunderten Gewohnheit ist, innerkirchliche Regelungen „von oben“ zu erhalten, war dies ein enormer Fortschritt, die Basis an wichtigen Entscheidungen mitwirken zu lassen.

II. ENTSTEHUNG DES BESCHLUSSES

Am 3. Januar 1971 begann die Synode mit ihrer konstituierenden Sitzung in Würzburg. Zehn Sachkommissionen sollten in der nachfolgenden Zeit bis zur nächsten Vollversammlung versuchen, die anstehenden Probleme zu klären, entsprechende Antworten zu finden und Vorschläge zu erarbeiten.

Religionsunterricht war eines der Themen, über das sich alle einig waren, daß hier von der Synode eine Klärung zu erfolgen habe. Es wurde zur Behandlung nicht der Sachkommission VI „Erziehung – Bildung – Information" zugewiesen, sondern der Sachkommission I „Glaubenssituation und Verkündigung". Auf ihrer ersten Sitzung am 9./10. März 1971 in Mainz erkannte die Sachkommission I, daß sie nicht allein für das Thema Religionsunterricht zuständig ist und schlägt eine gemischte Kommission aus I und VI vor; die Sachkommission VI stimmte auf ihrer ersten Sitzung am 12./13. März 1971 in Mainz diesem Vorschlag zu. Die neu gebildete gemischte Kommission konstituierte sich am 26./27. Juni 1971 und verabschiedete dabei folgenden Arbeitsplan:

1. Situationsanalyse (Bewertung des Religionsunterrichts durch die Schüler; Freiwilligkeit, „Abmeldungswelle", Bewertung des Religionsunterrichts durch Schulverwaltung und Lehrer; Bereitschaft der Lehrer zum Religionsunterricht und Schwierigkeiten beim Unterrichten).
2. Begründung des Religionsunterrichts: a) vom Bildungsauftrag der Schule her, b) von den Erwartungen der Schüler und Eltern her.
3. Stellung des Religionsunterrichts im Fächerkanon heute und in Zukunft.
4. Verfassungsrechtliche und sonstige rechtliche Schranken für die Gestaltung des Religionsunterrichts?
5. Konfessioneller, bikonfessioneller, interkonfessioneller oder schlicht religionskundlicher Religionsunterricht?
6. Zusammenarbeit mit der EKD.
7. Ausbildung, Studiengänge und Weiterbildung der Religionslehrer.
8. Personelle, institutionelle und unterrichtspraktische Konsequenzen.
9. Ergänzend: Mitverantwortung der Eltern und der kirchlichen Gemeinden[2].

Es wurden eine große Anzahl von Verbänden, Instituten, Gremien und Seminaren, die sich mit dem Religionsunterricht befassen, um ihre Mitarbeit gebeten.

Vorsitzender dieser gemischten Kommission wird der Vorsitzende der Sachkommission I, Prof. Dr. *K. Lehmann*; zum stellvertretenden Vorsitzenden wird Oberstudienrat *Fischer* aus Fulda gewählt.

Die Arbeit dieser Kommission war sicherlich nicht einfach. Galt es doch vor dem Hintergrund der vielen bestehenden religionspädagogischen Richtungen, eine gemeinsame Grundlage und damit einen Neuansatz zu finden, wobei Extreme abgebaut und verschiedene Richtungen integriert werden sollten.

Nach fast zwei Jahren konnte die Kommission – wobei die Schlußphase besonders durch die intensive Arbeit von Prof. *Lange* und Prof. *Volz* geprägt war – am 30. März 1973 ein Grundlagenpapier für künftigen Religionsunterricht verabschieden, das am 7. April 1973 von der Sachkommission I genehmigt und im Juli 1973 veröffentlicht wurde. Dabei wurden alle religionspädagogisch Interessierten aufgerufen, bis zur Vollversammlung im November 1973 Änderungsvorschläge einzubringen.

Diese Vorlage war das meistgefragte Papier der Synode, so daß manche Diözesen es nachdrucken lassen mußten. Bis zur Vollversammlung gingen etwa 70 Stellungnahmen von Personen und Gremien ein, wobei die konträre Auffassung über Religionsunterricht wieder voll zu Tage kam. Auf der einen Seite befürchtete man, daß der zukünftige Religionsunterricht nur noch einen diesseitigen Humanismus vertrete, und auf der anderen Seite sah man die realistische Einschätzung der Situation und den aus der Vorlage zu erhoffenden Neuansatz. Bei der ersten Lesung auf der Vollversammlung am 24.11.1973 kamen nochmals die unterschiedlichen Positionen deutlich zum Vorschein: Die einen wollten an dem bisherigen Verständnis von Religionsunterricht festhalten, die anderen verteidigten den Neuansatz der Vorlage. Um die Haltung der ersten Gruppe zu verdeutlichen, seien hier Diskussionsbeiträge von Dr. *Wuermeling* und Bischof Dr. *Stimpfle* angeführt und von der anderen Richtung Beiträge von Prof. *Volz*, Dr. *Maxelon*, Frau *Becker* und Prof. Dr. *Lange*.

Dr. *Wuermeling*[3]:
„Aber wo ist in der Vorlage etwas zu lesen von dem Gnadengeschenk der Zugehörigkeit zur Kirche, von dem Glück des Wissens um die von Gott geoffenbarten Wahrheiten, von der entscheidenden Bedeutung all dessen für die Lebensbewältigung? Da wird Kritisierbares an der Kirche und ihrer Geschichte angesprochen – natürlich soll auch das sein –, ein sogenanntes Problembewußtsein in den Vordergrund gestellt und kritisches Hinterfragen im Sinne eines alles relativierenden Zeitgeistes empfohlen, anstatt klar zu sagen, daß viele Glaubenswahrheiten eben rational nicht erfaßbar sind, sondern den Menschen durch die von Christus gestiftete Kirche vermittelt werden.
So wünsche ich unserer Vorlage – um unserer Jugend willen – mehr Glaubensfreude, mehr Bewußtsein um die Gnade des Erlöstseins, mehr katholische Strahlkraft und nicht die angeregte Beseitigung des Wortes ‚missio canonica', sondern seine Verlebendigung im Sinne des Missionsauftrages der Kirche an unserer jungen Generation."

Bischof Dr. *Stimpfle*[4]:
„1. Was den Menschen zum Christen macht und vom Nichtchristen unterscheidet, ist sein Verhältnis zu Gott. Durch Glaube und Taufe begründet, soll es reifen bis zur letzten vertrauensvollen Übergabe des Lebens an den Vater im Tode. Der Religionsunterricht soll den Getauften helfen, den tiefsten Sinn ihres Daseins als begnadete Menschen im Glauben an Gott zu verwirklichen, so daß sie vom Glauben zum Hoffen, von der Hoffnung zur Liebe Gottes gelangen. Religionsunterricht, der nicht die Erkentnnis und Liebe Gottes zum eigentlichen Ziel hat, vermittelt nicht das ewige Leben, sondern sinkt zu einer bloßen Religionsphilosophie herab.
2. Die Mitte der christlichen Botschaft, die Zusammenfassung des ganzen Evangeliums ist die Person Jesu Christi. Der Religionsunterricht verfehlt sein Ziel, wenn er nicht zum Glauben an diesen Christus, zum Gebet, zum Leben im Herrn in der Liebe, Freiheit und Freude des Geistes führt.
3. Durch den Glauben hat der Christ teil am Mysterium Christi, das in der Parusie vollendet wird. Ein Religionsunterricht, der nicht Einweihung in das Christus-Mysterium ist, stellt, selbst wenn er nicht im Innerweltlichen steckenbleibt, das Christentum doch mehr oder weniger auf eine Ebene mit anderen Religionen. Wesentliche Aufgabe auch des schulischen Religionsunterrichts ist die Hinführung, die Einweihung in das Christus-Mysterium, das in der Kirche zugänglich gemacht wird.

4. Durch den Glauben und die Taufe wird der Mensch Glied des Leibes Christi, der Kirche, die das allumfassende Sakrament des Heils ist. Der Religionsunterricht muß darum zum Mysterium der Kirche vordringen, zum ‚Credo ecclesiam'. Er bleibt im Vordergründigen, an der Außenseite der Institution Kirche stecken, sieht er sein Ziel in der Erziehung zu kritischer Distanz. Religionsunterricht muß in das Geheimnis der Kirche einführen, aus dem dann die Liebe zur Kirche, die Dankbarkeit für die Berufung zur Kirche, die Treue zu ihr, die Mitarbeit in ihr hervorgehen."

Prof. *Volz*[5]:
„Jedes Schulfach muß sich heute die Frage gefallen lassen: Bist du im Verband der Fächer oder der Lehrinhalte überhaupt noch gefragt und notwendig?
Der zweite Grund aber, den ich hier nennen möchte, ist der, daß doch gerade die Notwendigkeit unseres Faches heute bestritten wird, und zwar in liberalen und linksradikalen Kräften in unserer Bundesrepublik. Maßgebende linke Pädagogen sagen, Religionsunterricht bedeute eine ideologische Vergewaltigung des Kindes. Diese Kräfte versuchen doch, durch Argumentation das Bewußtsein unserer Bevölkerung zu verändern und unsere Leute zu verunsichern.
So müssen wir den Lehrern, auch den Eltern, den Verantwortlichen in Politik und Kirche Argumente liefern, die ihnen in dieser Frage Sicherheit für sich selbst und für die Diskussion geben.
Das aber müssen Argumente sein, – das möchte ich ganz dick unterstreichen –, die jedermann versteht.
‚Weil die Schule den jungen Menschen mit den geistigen Überlieferungen vertraut machen soll, die unsere kulturelle Situation geprägt haben.'
Das ist heute ein sehr wichtiges Kriterium für die Auswahl von Lehrinhalten in der Schule, ein Kriterium, das von den Pädagogen fast allgemein anerkannt ist. Deshalb ist das Argument so wichtig, und es sollte nicht abgewertet werden.
Das zweite Argument ist dann, daß die Schule dem jungen Menschen zur Selbstwerdung verhelfen soll.
Das dritte Argument lautet:
‚. . . weil die Schule sich nicht zufrieden geben kann mit der Anpassung des Schülers an die verwaltete Welt.'
Das ist ein Argument, das genau die Lage des Schülers trifft, das dem Schüler angenehm ist, weil hier der Religionsunterricht als ein Fach verstanden wird, das ihm zur Freiheit verhilft."

Dr. *Maxelon*[6]:
„Der bisherige Religionsunterricht ist eben originär katechetisch gewesen. Man glaubte, predigen zu müssen. Das aber ist nicht mehr möglich. Es geht nicht darum, irgendwelchen sogenannten Neomarxisten – das Wort wird ja gern gebraucht und selten verstanden – hier irgendwie Paroli zu bieten. Es geht darum, daß junge Menschen, die sich der Taufe nach Christen nennen könnten, aber der Meinung sind, die Kirche biete durch ihre Vertreter gerade im Religionsunterricht nicht das, was sie für ihr eigenes Leben brauchen, überzeugt werden, daß um deren Fragen gerungen wird, daß deren Bedürfnisse aufgenommen werden, daß endlich einmal ernst gemacht wird mit dem, was die Kirche dem Ansatz nach eigentlich machen müßte: auf die Menschen – hier die jungen Menschen – zuzugehen. Alles andere wird ein

ideologischer Überbau sein und bleiben. Der mag von sämtlichen Bischöfen sanktioniert werden, – in der Realität des Unterrichts in den Schulen wird das nichts erbringen!
Ich bitte also darum, daß dieser kritische Ansatz in der Behandlung des Religionsunterrichts, in der Beachtung der Bedürfnisse der jüngeren Menschen in dieser Vorlage erhalten bleibt, vielleicht sogar noch verstärkt und konkretisiert wird, so daß damit eventuell erstmalig in unserer Gesellschaft die Chance für einen sachgemäßen und kritischen Religionsunterricht begründet wird."

Frau *Becker*[7]:
„Der erste Religionsunterricht muß vor allem das Kind öffnen, seine Sinne, seine Wahrnehmungsfähigkeiten entwickeln. Wer sehen gelernt hat, sieht später hinter die Dinge. Wer hören gelernt hat, hört, was im anderen vorgeht. Ohne Wahrnehmungsfähigkeiten gibt es keine Kommunikation, mit der man zur anderen Seite oder zum Schöpfer hinhören kann, schreibt *Felicitas Betz*.
Der Unterricht muß Kinder sensibilisieren, neugierig machen, entzücken sogar, Gefühle wekken und wachhalten. Er muß die Kinder lehren, mit der Schöpfung umzugehen und sie zu bewahren.
Von Gott und von Jesus sollte der Unterweisende sparsam sprechen. Es kommt nicht auf die Quantität des Wissens an, sondern darauf, wie die Kinder Jesus durch oder am Lehrer erlebt haben.
Es ist wichtiger, daß die Fragen über Jesus wach bleiben und daß die Kinder ein Bedürfnis nach ihm entwickeln – auch Zitat *Betz*."

Prof. Dr. *Lange*[8]:
„Meine Damen und Herren, wenn Sie dieser Vorlage in ihrer Grundtendenz zustimmen, dann plädieren Sie für einen katholischen Religionsunterricht, der seinen eigenständigen und festen Raum innerhalb des Schulgebäudes hat, aber einen Raum, der nicht durch einen Extraeingang zu betreten ist, sondern durch die Vordertür der Schule."

Die Vorlage wurde mit überwältigender Mehrheit angenommen und mit den entsprechenden Abänderungsanträgen an die Gemischte Kommission verwiesen.
Die beschlossenen Abänderungen baute man – ohne daß dabei das Grundkonzept der Vorlage verändert wurde – in die Vorlage ein. Das Papier wurde dann auf der 6. Vollversammlung vom 20.–24. November 1974 mit folgendem Abstimmungsergebnis beschlossen: Ja-Stimmen: 223, Nein-Stimmen: 8, Enthaltungen: 9.
Somit ist folgender Text Grundlage zukünftigen katholischen Religionsunterrichts[9]:

Der Religionsunterricht ist in den Streit der Meinungen geraten: Es gibt radikale Stimmen, die behaupten: In der Schule einer pluralistischen Gesellschaft darf es das Fach „Religion" nicht geben. Andere fordern ebenso energisch, das Fach beizubehalten. Unter diesen gibt es weit auseinanderliegende Vorstellungen darüber, wie dieser Unterricht aussehen soll. Außerdem gibt es die Ansicht: Die Kirche muß von ihren Kräften und Zielen her auf den Religionsunterricht in der öffentlichen Schule verzichten.
In dieser unübersichtlichen Lage möchte die Synode zu einer gemeinsamen Willensbildung der Katholiken in der Bundesrepublik Deutschland beitragen. Wenigstens in den Grundfragen – wie die Situation des Faches zu beurteilen ist; ob es Religionsunterricht geben darf und soll; wie er zu begründen ist; was seine Funktionen sind; ob er weiterhin konfessionell sein soll – muß eine Übereinstimmung herbeigeführt werden, wenn der Religionsunterricht nicht durch die Uneinigkeit der für ihn Verantwortlichen zerfallen soll.

1.
Zur Situation

Die schwierige Situation des Religionsunterrichts in der Schule hat ihre tiefste Ursache in dem Spannungsverhältnis, das besteht zwischen einem schulischen Unterricht in einer weltanschaulich pluralen und teilweise indifferenten Gesellschaft und einer Katechese, die gläubige oder glaubenswillige Schüler voraussetzt oder anstrebt. Es scheint so, als müsse der Religionsunterricht in der öffentlichen Schule entweder darauf verzichten, Glaubensunterweisung zu sein, oder darauf, als ordentliches Lehrfach zu gelten. Im Grunde ist damit die Frage nach der Bedeutung von Glauben in unserer Zeit und Gesellschaft gestellt. Der Religionsunterricht in der öffentlichen Schule ist nur der Sonderfall dieses allgemeinen Verhältnisses.
Deshalb kommen bei einem Versuch, die Probleme des Religionsunterrichts darzustellen und Lösungen dafür vorzuschlagen, viele offene Fragen zwischen Evangelium, Kirche, Gesellschaft, Staat und Bildungswesen zum Vorschein. Auch in der innerkatholischen Diskussion treffen wir nebeneinander und ineinander Zielvorstellungen für den Religionsunterricht wie
- Vermittlung von Glaubenswahrheiten der Kirche
- Einübung von Frömmigkeits- oder Bekenntnisakten
- Einführung in die Bibel und ihre Wirkungsgeschichte
- Theologisch-wissenschaftliche Reflexion des Glaubens
- Ermöglichung eigener Religiosität
- Information über Konfessionen und Religionen
- Pflege moralischer oder religiöser Gesinnungen
- Engagierte Weltverbesserungsaktionen,

und zwar in mannigfacher Verbindung und Betonung und mit fließenden Übergängen der einzelnen Positionen.
Auch werden die Chancen des Religionsunterrichts ganz verschieden beurteilt. Eine nüchterne Bestandsaufnahme ist erforderlich. Tieferliegende Ursachen müssen in Betracht gezogen werden. Dann läßt sich ein Religionsunterricht

begründen, der in der Schule von heute und morgen unerläßlich und realisierbar, der pädagogisch und zugleich theologisch verantwortbar ist, und den sowohl die Kirche als mit ihren Grundsätzen übereinstimmend anerkennt wie auch der Staat im Rahmen seiner Rechtsordnung verbürgt.

1.1
Schüler – Lehrer – Eltern

Der Religionsunterricht stellt Schüler, Lehrer und Eltern vor manche Probleme.

1.1.1
Die jüngeren Schüler sind zu einem distanzierten Urteil noch nicht in der Lage, aber schon sie können den Religionsunterricht als einen „Stilbruch" im Raum der Schule empfinden
- wenn in ein kirchliches Leben eingeführt wird, an dem sich ihre Familie nicht mehr beteiligt
- wenn den Leitfaden das Kirchenjahr abgibt, das ihr Alltagsleben nicht mehr prägt
- wenn biblische Texte geboten werden, die sie nicht mit ihren Erfahrungen verknüpfen können
- wenn ihre Frage- und Denklust durch vorschnelle Antworten gedämpft wird
- wenn die gleichen Stoffe in fast gleicher Weise wiederkehren
- wenn schließlich der Religionsunterricht weniger anspruchsvoll ist als vergleichbare Fächer.

Leicht kann es zur Bildung eines „Religionsstunden-Ichs" im Schüler kommen, das sich während dieses Unterrichts in einer Sonderwelt bewegt und schablonierte Antworten von sich gibt. Damit wäre schon der Keim für Glaubenslaxheit oder Glaubensenge gelegt und zugleich die von der Schule erstrebte Lernbereitschaft gemindert. Andererseits gibt es Schüler, denen das religiöse Leben von Haus aus fremd ist und die doch dafür aufgeschlossen sind.
Ältere Schüler wissen ihr Unbehagen zu artikulieren. Gern lassen sie ihren Unmut über die Schule am Religionsunterricht aus. Hier können sie ein Zeichen der Verweigerung setzen, indem sie sich – auch ohne Angabe von Gründen – von einem ordentlichen Lehrfach abmelden. Das muß keineswegs mit Inhalt und Qualität des Religionsunterrichts selbst zu tun haben (beispielsweise wollen manche Schüler eine zusätzliche Freistunde gewinnen oder einer schlechten Note entgehen). Oft genug wenden sie sich aber auch ausdrücklich gegen den Religionsunterricht, weil sie sich in der Kirche geistig nicht beheimatet fühlen und weil sie glauben, daß die Kirche durch den Religionsunterricht privilegiert ist. Wenn der Lehrer dennoch versucht, in den Glauben und in das Leben der Kirche einzuweisen und einzuüben, so ist es oft, wie wenn er zu Blinden von Farbe spricht.
Der im Glauben angefochtene und glaubensunwillige Schüler wird dadurch nicht zu einer fruchtbaren Auseinandersetzung genötigt, sondern es besteht eher die Gefahr, daß seine Skepsis und sein Widerwille wachsen.
Der Schüler befürchtet, er werde vereinnahmt oder er müsse Akte der Zustimmung und des Bekenntnisses setzen. Viele Stoffe des Religionsunterrichts kommen ihm lebens- und weltfremd vor. Er meint darin keine Antwort auf seine Fragen finden zu können. Er fühlt sich dadurch aber auch nicht herausgefordert

und gefragt. Es sollte zu denken geben, daß zahlreiche Schüler, die dem Religionsunterricht kritisch gegenüberstehen, einen für ihre Situation und Probleme offenen Religionsunterricht durchaus bejahen und fordern.
Es bereitet große Schwierigkeiten, die Schüler für diesen Unterricht genügend zu motivieren.
Dem Religionsunterricht benachbarte Fächer – wie Deutsch und Geschichte – haben unter ähnlichen Erschwerungen zu leiden. Da der Religionsunterricht jedoch durch die Möglichkeit der (in der Mehrzahl der Bundesländer ersatzlosen) Abmeldung unterprivilegiert ist, spitzt sich hier der Konflikt zu.

1.1.2
Der Lehrer muß – wie in keinem anderen Lehrfach – die Existenzberechtigung dieses Faches dem Schüler gegenüber durch Qualität und Attraktivität ständig unter Beweis stellen. Orientiert der Religionslehrer sich am Anspruchs- und Leistungsniveau der anderen Fächer, so läuft er Gefahr boykottiert zu werden; beschränkt er sich auf Diskussionen, besteht die Gefahr, daß dieser „Unterricht" nicht mehr ernst genommen wird. Im einen Fall droht dem Lehrer der Vorwurf der Verschulung, im anderen wird ihm Verharmlosung vorgeworfen. Die Lehrer bewegt die Frage, wie weit sie sich persönlich mit der Kirche identifizieren müssen, um diesen Unterricht verantworten zu können. Die Religionslehrer fühlen sich häufig in die Rolle des Apologeten gedrängt; sie müssen als „Prellbock" herhalten für die Schwächen und Versäumnisse des „Systems". Ist der Lehrer in seinem Glauben angefochten, verschärft sich der Konflikt. Gerade diejenigen aber, die sich ganz hinter diese Sache stellen, fühlen sich hilflos oft und allein gelassen angesichts der Veränderung in der Kirche und der ungewohnten Vielstimmigkeit in der Theologie. Erst recht sind diejenigen verunsichert, die eine zu enge Auffassung von Einheit haben und aus Gewohnheit oder beruflicher Überlastung nicht zu stetiger Fortbildung gelangen. Die Vermittlung neuerer Theologie gelingt oft nur unzulänglich, sie ist mit zahlreichen Mißverständnissen verbunden und löst Verdächtigung und Verwirrung aus. Manche Lehrer benutzen noch Lehrpläne, Schulbücher und Unterrichtshilfen, die von der Entwicklung überholt sind. Andere führen Neuerscheinungen ein, die allzu schnell erstellt sind und unvertretbar oder zumindest grob mißverständliche Formulierungen enthalten.
Sind die Lehrer Priester, so fragen sie sich: Lohnt sich das Engagement in der Schule? Manche Lehramtsanwärter haben Bedenken gegen den Erwerb der „missio canonica" trotz eines Interesses an Religion, Theologie und Glaube. Oft kommen sich die Religionslehrer überfordert vor. Sie können auch nicht mehr wie selbstverständlich mit einem gläubigen Elternhaus rechnen. Wird der Religionsunterricht geringgeschätzt, so trifft dies solche Lehrer, die „Religion" als einziges Fach haben, besonders hart.
Mangelnde Zielklarheit verunsichert die Religionslehrer zusätzlich. Mängel der fachdidaktischen Ausbildung gehen einher mit Zweifeln daran, ob die überkommenen Ziele – Erweckung und Vertiefung von Glauben, Verkündigung der Botschaft Gottes, Ersatz für die eventuell im Elternhaus fehlende religiöse Erziehung – überhaupt mit „organisiertem Lernen" erreichbar sind. Das alles trägt zu einem steigenden Defizit an Religionslehrern bei. Wird versucht, durch nicht genügend qualifizierte nebenberufliche Hilfskräfte den Mangel zu beheben, so ist das dem Ansehen des Religionsunterrichts kaum förderlich.

1.1.3
Eltern sind manchmal bestürzt, wenn der Religionsunterricht nicht das einstmals von ihnen Gelernte geschlossen weitergibt oder sogar Dinge lehrt, die nach ihrer Überzeugung unvereinbar sind mit der Lehre der Kirche. Klage wird auch geführt, daß der Religionsunterricht sich zuweilen mehr mit anderen Religionen, Konfessionen oder ethischen Grundanschauungen beschäftigt als mit dem eigenen Glaubensgut. Sind Eltern an Reformen im kirchlichen Leben interessiert, so haben sie öfters Mißbehagen an einem Religionsunterricht, der ihre Kinder zu traditionellen Denk- und Verhaltensmustern führt. Sind die Eltern dem Glauben gegenüber reserviert oder ablehnend, so erwarten sie oft vom Religionsunterricht lediglich eine Bestärkung der bürgerlichen Moral und Anständigkeit ihrer Kinder. Für viele, die in ihren Wertvorstellungen und Maßstäben unsicher geworden sind, hat der Religionsunterricht vermutlich Alibi-Funktion: Sie geben ihre Verantwortung in diesem Bereich gern an eine Institution ab. Solch divergierenden Erwartungen kann ein und derselbe Unterricht kaum gleichzeitig entsprechen.

1.2 **Gesellschaft – Kirche – Erziehungswissenschaft**

Die Krise des Religionsunterrichts ist mitverursacht durch das veränderte Verhältnis von Kirche und Gesellschaft.

1.2.1
Dem Religionsunterricht fehlt immer mehr die frühere Deckungsgleichheit von politischer Gemeinde, Wohngebiet, Arbeitsfeld, Schulbezirk und Pfarrgemeinde: Die Lebensräume fallen auseinander.
Diejenigen, für die der Glaube sinnhafte und verbindliche Wirklichkeit ist, befinden sich in der weltanschaulich pluralistischen Gesellschaft in der Minderheit, mag sich auch die überwiegende Mehrzahl unseres Volkes „amtlich" zu einer der christlichen Konfessionen bekennen. Diesen Zustand zu akzeptieren, fällt dem Christentum schwer, da es Jahrhunderte der universalen Bedeutung und des durchgehenden gesellschaftlichen Einflusses hinter sich hat.
Heute ist auch das Christentum genötigt, auf dem „offenen Markt" der Religionen und Weltanschauungen profiliert aufzutreten und zugleich mit anderen Positionen zu konkurrieren und in Kommunikation zu treten, wenn es nicht gesellschaftlich völlig bedeutunglos werden will.
Zwar sind die Christen davon überzeugt, daß sie etwas zu bieten haben. Sie sorgen durch ihr Glaubenszeugnis dafür, daß die Fragen nach dem Woher und Wohin des Ganzen der Wirklichkeit, nach dem Daseinssinn des einzelnen, die Fragen nach der Verbindlichkeit von Wahrheit und nach der Verantwortlichkeit des Menschen und damit letztlich auch die Frage nach Gott wachgehalten werden; würden solche Fragen je völlig verstummen, wäre der Mensch zum „findigen Tier" geworden. Aber – und das ist das ungewohnt Neue an dieser Situation – die christliche Konfessionen können ihre Antworten auf diese Fragen für einen wachsenden Teil der Gesellschaft nicht mehr als selbstverständlich, ja auch nur als verständlich voraussetzen oder durchsetzen. Sie sehen sich genötigt, ihre Antworten immer neu als Einladungen und Angebote zu präsentieren und zugleich deutlich zu machen, wie Gott den Menschen in seiner Freiheit dadurch herausfordert.

Spürbar verliert in unserer Kultur der christliche Glaube an gesellschaftlicher Prägekraft; immer mehr Menschen handeln, „als ob es Gott nicht gäbe". Gleichzeitig erhebt sich in dieser Kultur die Frage nach dem Sinn mit unerwarteter Heftigkeit, – wenn auch oft in ungewohnten Formen.

1.2.2
Das alles bleibt nicht ohne Einfluß auf Theologie und Kirche. Wenn auch noch nicht abzusehen ist, ob der Säkularisierungsprozeß aller Lebensbereiche auf die Dauer zur Abstumpfung oder zur Verschärfung der Sinnfrage beiträgt, so bewirkt dieser Prozeß jedenfalls häufig Ratlosigkeit unter denen, die glauben möchten. Wo es an religiöser Erfahrung mangelt, ist religiöse Sprachunfähigkeit die Folge. Gewohnte, ehemals gefüllte innerkirchliche Vokabeln und Sprachregelungen werden dann leicht zu Leerformeln.
Die historisch-kritische Methode hat einerseits die Grundlagentexte des Glaubens – Bibel und Dogmen – besser erschlossen, andererseits zum Bewußtsein gebracht, wie groß der historische Abstand zu diesen Texten geworden ist. Das zwingt den Ausleger, ständig zu fragen, was mit dem damals Gesagten eigentlich gemeint und wie das Gemeinte heute verständlich zu machen sei.
Es werden Fragen an Theologie und Kirche gerichtet, die absolut neu sind, auf die man eine Antwort nicht unmittelbar an den Glaubensdokumenten ablesen kann und die doch aus dem Glauben beantwortet sein wollen. Kein Wunder, daß es zu unterschiedlichen Antworten kommt auch unter Theologen, die eines Glaubens sind.
In der Kirche finden sich heute in Spannung zueinander stehende Anliegen und streiten um den Vorrang:
- die Sorge um die Wahrung der Glaubenssubstanz und der Einsatz für Zeitgemäßheit der Botschaft Jesu
- die Treue zum Überlieferten und der Wille zur Reform
- das Bedürfnis nach integraler Geschlossenheit und der Wunsch nach vielfältiger Lebendigkeit.

All das führt dazu, daß Inhalte des Glaubens – bei allem Willen zu grundsätzlicher Wahrung der katholischen Einheit – nicht mehr uniform, sondern pluriform ausgesagt werden. Das erschwert die Beschreibung eines Religionsunterrichts, der „in Übereinstimmung mit den Grundsätzen der Religionsgemeinschaften" (GG 7, 3) erteilt wird. Die Kirche hat nach wie vor legitimierte Instanzen, die authentisch erklären können, was den Grundsätzen entspricht. Spätestens seit dem Konzil wissen wir, daß eine vorher nicht gekannte Vielfalt von Auffassungen und Spielarten der Glaubenspraxis im Rahmen dieser Grundsätze möglich ist.

1.2.3
Die Erziehungswissenschaft betont heute ihre Eigenständigkeit und sträubt sich gegen jede weltanschauliche „Vereinnahmung". Darin sind ihre Vertreter sich – bei aller sonstigen Vielfalt der Konzepte – einig. Die zum großen Teil historisch bedingten Reserven vieler Pädagogen gegenüber Vertretern der Kirche wie auch die Vielfalt der pädagogischen Konzeptionen erschweren ein Gespräch mit der Erziehungswissenschaft. Dennoch ist ein solches Gespräch unumgänglich, wenn es um die Begründung eines Schulfaches oder „Curriculum-Elementes" geht. In der Erziehungswissenschaft wird in Hinblick auf ein modernes Schulfach – hier also in Hinblick auf Religionsunterricht – gefordert

- daß die ständige Bereitschaft gefördert wird, sich dem Pluralismus der Bekenntnisse und Positionen produktiv zu stellen;
- daß intellektuelle Neugier und Phantasie, Selbständigkeit und Kritikfähigkeit höher bewertet werden als bloße Stoffaneignung und Reproduktion des Gelernten;
- daß keine Vermittlung von Ergebnissen geschieht, bei der nicht das jeweilige methodische Verfahren mit vermittelt und die unausgesprochenen Voraussetzungen und Interessen mit aufgesucht werden;
- daß der Vorgang der didaktischen Vermittlung selbst zum Gegenstand einer wissenschaftlichen Reflexion gemacht wird.

Diese Forderungen werden selbstverständlich je nach Alter und Stufen unterschiedlich gestellt. Sie werden aber von Religionsunterricht und Religionspädagogik noch nicht genügend berücksichtigt. Gestört ist besonders noch das Verhältnis von Theorie und Praxis. Dem Religionsunterricht wird auch der Vorwurf gemacht, in diesem Fach werde alle Intelligenz dafür aufgeboten, das eigene „System" zu rechtfertigen und zu stützen. Inzwischen sind Religionsunterricht und Religionspädagogik bemüht, diese Defizite zu beheben.

1.3
Neue Ansätze

Seitdem die Krise des Religionsunterrichts bewußt wurde, ist viel geschehen. Weder die Religionslehrer noch die Verantwortlichen in Hochschulen, Verbänden und Kirche haben resigniert und alles passiv ertragen. Der Religionsunterricht hat in den letzten Jahren an vielen Stellen erheblich an Qualität und Wertschätzung gewonnen. Die Not hat Phantasie und Energie vieler Lehrer aktiviert. Mögen manche Experimente auch fragwürdig sein, so läßt sich doch nicht bestreiten, daß Wege gefunden wurden, die gangbar sind. Auch die Notwendigkeit der Fortbildung wurde vielerorts erkannt. Noch nie gab es so viele Lehrbücher, Unterrichtsmodelle, Materialien und Medien für den Religionsunterricht wie heute. Die Behauptung, der Religionsunterricht sei das unbeliebteste Fach, läßt sich nicht verallgemeinern.

Die Neuansätze sind zum guten Teil aus Überlegungen erwachsen, wie sie im folgenden dargelegt werden. So haben viele Religionslehrer und Religionspädagogen für die Entwicklung und Erprobung dieses Konzeptes Vorarbeiten geleistet, die jetzt der Stellungnahme der Synode zugutekommen.

1.4
Religionsunterricht – Gemeindekatechese

Die positiven Neuansätze ziehen aus der geschilderten Situation bereits die Konsequenz: Bei fortschreitender Entkirchlichung der Gesellschaft ist ein positives Verhältnis aller Schüler zum Glauben und zur Kirche immer weniger vorauszusetzen. Vielen Schülern fehlt vom Elternhaus her die lebendige Beziehung zum christlichen Glauben und zur konkreten Gemeinde und damit der notwendige Erfahrungs- und Verständnishorizont für einen Religionsunterricht, der sich als Einübung in den Glauben versteht. Solche Voraussetzungen lassen sich – bei noch so ehrlicher Anstrengung des Religionslehrers – nur durch Unterricht auch kaum herstellen. Die daraus resultierende Erfolgslosig-

keit ihrer Bemühungen lähmt manche Religionslehrer. Wenn auch die meisten Schüler getaufte Christen sind, ist es doch nicht möglich, sie alle in gleicher Weise in das Glaubensleben der Kirche einzubeziehen; denn die heutige Schülerschaft spiegelt auf ihre Weise exemplarisch die plurale Gesellschaft und bringt infolgedessen verschiedenartige Vorverständnisse im Bereich des Glaubens mit.
Ein Religionsunterricht, der diese Lage berücksichtigt, steht vor einer Schwierigkeit: Einerseits soll er solche Schüler ansprechen, die bereits eine lebensmäßige Beziehung zu Glaube, Evangelium und Kirche haben, oder diese wenigstens wünschen, andererseits soll er auch solchen Schülern gerecht werden, die diese lebensmäßige Beziehung nicht haben bzw. sie nicht wollen. Letztere können im Religionsunterricht nicht einfach wie „Glaubensschüler" in die Lebensvollzüge der Kirche eingeübt werden. Daher sollte man den Erfolg des Unterrichts nicht an einer nachprüfbaren Glaubenspraxis der Schüler messen wollen. Außerdem verliert der Religionsunterricht die unmittelbare Verbindung mit dem Leben der kirchlichen Gemeinde, je mehr die Schüler – schulorganisatorisch bedingt – aus verschiedenen Gemeinden kommen. In dieser Situation ist neben dem Religionsunterricht in der Schule mehr als bisher Katechese in der Gemeinde erforderlich.
Die Synode unterscheidet deshalb zwischen schulischem Religionsunterricht und Katechese in der Gemeinde und hält beide für unerläßlich. Da diese sich nach Ziel, Inhalt und Adressaten nur zum Teil decken, wird das gegebenenfalls (z. B. bei der Hinführung zum Empfang der Sakramente) auch zu einer organisatorischen Trennung von Religionsunterricht und Gemeindekatechese führen. Über die Bedeutung und die Realisierung katechetischer Dienste äußert sich ein Kommissionspapier der Synode mit dem Titel „Das katechetische Wirken der Kirche". Es geht daher im folgenden ausschließlich um einen spezifisch schulischen Religionsunterricht.

2.

Zum Konzept des schulischen Religionsunterrichts

2.1
Kriterien für die Begründung des Religionsunterrichts

Die Zukunft des Religionsunterrichts in der öffentlichen Schule wird durch das Grundgesetz und die gesetzlichen Regelungen der Länder sichergestellt. Diese gesetzliche Garantie ist aber nur dann gegen alle Bestreitungen auf die Dauer einsichtig vertretbar und haltbar, wenn sich der Religionsunterricht in Begründung und Zielsetzung auch wirklich als „ordentliches Lehrfach" ausweist. Mit anderen Worten: Der von der Glaubensunterweisung in den Gemeinden abgehobene Religionsunterricht in der Schule muß zeigen, wie er teilhat an der Aufgabenstellung der öffentlichen Schule, wie er deren Ziele mitbegründet und fördert, konkretisiert, ergänzt und gegebenenfalls kritisiert.
Bei der Fülle des in der Schule zu Lernenden ist darzulegen, was der nicht austauschbare und als solcher notwendige Beitrag des Religionsunterrichts zur Erreichung der Schulziele ist. Die verschiedenen Theorien der Schule bilden infolgedessen ein erstes Kriterium für die Bestimmung von Aufgaben und Zielen eines zukünftigen, typisch schulischen Religionsunterrichts. (2.3)

Soll das Spezifische des Religionsunterrichts, wie die Synode ihn sieht, gewahrt bleiben, muß als zweites Kriterium hinzutreten, daß die Aufgaben und Ziele theologisch verantwortbar sind (2.4).
Der hier konzipierte Religionsunterricht liegt in der Schnittlinie von pädagogischen und theologischen Begründungen, Auftrag der öffentlichen Schule und Auftrag der Kirche. Für eine nicht positivistisch verengte oder ideologisch fixierte Pädagogik einerseits und eine weltoffene, gesellschaftsbezogene und am Menschen orientierte katholische Theologie andererseits dürfe eine solche Konvergenz der Motive möglich sein. Sie ermöglicht es dem Staat und der Kirche, diesem Konzept zuzustimmen.

2.2
Religionsunterricht auf der Basis der Verfassung

Wenn man den Religionsunterricht den Zielen der Schule zuordnet, so ist zu bedenken:
Das Grundgesetz, insbesondere seine Grundrechte und Grundwertentscheidungen, sowie die Länderverfassungen mit ihren Schulzielbestimmungen enthalten verbindliche Aussagen über Zweck und Aufgaben der Schule. Von den Grundrechten und Grundwertentscheidungen der Verfassung des Bundes und der Länder ist deshalb auszugehen. Zu den von der Verfassung gewährten Freiheiten gehören zentral auch die Freiheit der religiösen Anschauungen (GG Art. 3), „die Freiheit des Glaubens, des Gewissens und die Freiheit des religiösen und weltanschaulichen Bekenntnisses" sowie der ungestörten Religionsausübung (GG Art. 4); der Religionsunterricht ist ordentliches Lehrfach (GG Art. 7). Durch ihren Religionsunterricht trägt die Schule dazu bei, die Voraussetzung für die Wahrnehmung dieser Freiheiten zu schaffen.
Das deutsche Verfassungsrecht denkt beim Verhältnis von Staat und Religionsgemeinschaften nicht negativ-ausschließend im Sinne einer Trennung, sondern geht vor allem von der Religionsfreiheit aus und strebt deren positive Ermöglichung an – unter Wahrung der Neutralität gegenüber einzelnen gesellschaftlichen Gruppen und unter Berücksichtigung des Gleichheitsgrundsatzes. Würde der Staat religiöse Fragen und Antworten ausschließlich in den Bereich des Privaten abschieben, so hätte er damit im Grunde den Neutralismus zur Weltanschauung erhoben. Eben weil der Staat bekenntnismäßig und weltanschaulich neutral sein muß, ist er zur Ausfüllung der von der Verfassung gesetzten Ziele und Inhalte des Religionsunterrichts auf die Kooperation mit den Kirchen und Religionsgemeinschaften angewiesen. Solche Zusammenarbeit dient dazu, den Vollzug demokratischer Grundrechte zu ermöglichen; sie darf nicht als ein Durchsetzen von egoistischen Gruppeninteressen diffamiert werden.

2.3
Religionsunterricht aus pädagogischer Sicht

Mit „Religion" in weitem Sinn wird eine Dimension des individuellen und sozialen Lebens angesprochen, dessen stillschweigende oder ausdrückliche Leugnung ebenso eine menschliche Grundentscheidung darstellt wie seine Bejahung. „Kein Mensch, auch nicht der einfache Mensch, kann ohne Weltdeutung, sei sie noch so primitiv oder pauschal, geistig leben. Wo ihm nicht die

Religion zu einer solchen Deutung verhilft, greift er zu Visionen, die diese ersetzen sollen" (H. Roth). „Religion" ist im folgenden zunächst in diesem weiten Sinn verstanden als „Weltdeutung" oder „Sinngebung" durch Transzendenzbezug.

2.3.1
Die Frage nach dem Sinn-Grund oder Transzendenzbezug kann durch bestimmte Ereignisse im Leben der Schüler angestoßen werden. Sie drängt sich aber auch dadurch auf, daß sich eine Beziehung zu diesem Sinn-Grund in den bestehenden Religionsgemeinschaften sozial und geschichtlich greifbar artikuliert. In unserem Kulturkreis vermittelt in erster Linie das Christentum religiöse Erfahrungen. Die Schüler begegnen diesen Auswirkungen des Christentums auf Schritt und Tritt: Unser Kalender, besonders die Sonntage und Feste, die wir feiern, manche Bauwerke, viele Motive in Literatur, bildender Kunst und Musik, Bräuche, Normen und Denkweisen bezeugen christliche Ursprünge und Momente unseres geistigen Lebens. Eine Schule, die dem jungen Menschen die Situation, in der er sich vorfindet, erschließen will, kann nicht darauf verzichten, auch Prägungen dieser Art bewußt zu machen und sie als Ausdruck religiösen Daseinsverständnisses kompetent zu deuten.

2.3.2
Solche Traditionen fordern heraus; denn in manchen religiösen Antwortversuchen stecken beunruhigende Fragen, die dazu beitragen können, die Fragwürdigkeit des eigenen Lebens, der Gesellschaft und der Welt in den Blick zu bekommen. Durch die Beschäftigung mit ihnen können Scheinsicherheiten aufgebrochen und tragfähige Positionen gewonnen werden.
Der Schüler soll aber nicht nur die Antworten des Glaubens kennen, aus denen die tradierten Formen erwachsen sind. Er soll auch die menschlichen Fragen und Bedürfnisse wahrnehmen und formulieren können, die den Antworten und Verheißungen der Religion entsprechen. Beides kann eine Befreiung sein: zu fragen und sich in Frage stellen zu lassen. Und beides ist in der Schule erwünscht.
Inhaltlich geht es dabei um die Fragen nach dem Woher und Wohin, dem Wozu und Warum, nach dem Sinn und Wert oder der Sinnlosigkeit und Wertlosigkeit des Ganzen und des einzelnen in der Welt. Viele Situationen im Leben eines Menschen lassen sich mit intellektuellen Fähigkeiten oder manuellen Fertigkeiten durchaus zureichend meistern. Das Leben kann sich aber auch so verdichten, daß der Mensch tiefer und radikaler gefragt ist. Situationen und Erfahrungen, die zur Sinndeutung herausfordern und den Menschen anfordern als Wesen, das Werte sieht, sich an ihnen orientiert und sich an sie bindet, sind z. B. solche von Zeugung – Geburt – Tod – Hoffnung – Liebe – Freundschaft – Angst – Glück – Schuld – Vergebung – Leid – Zufall – Vertrauen – Verantwortung – Sorge – Scheitern – Spiel – Ekstase – Rausch – Fest – Gottesdienst – Gebet.
Aber nicht nur der private Bereich ist davon betroffen. Im Beruflichen, Sozialen, Politischen gibt es ebenso Situationen und Programme, in denen es um das Verstehen des Ganzen und das Einordnen in das Ganze geht, um rechtes und verantwortliches Handeln und also im letzten um die Wahrheit: Unterprivilegierung – Armut – Hunger – Krieg – Frieden – Gerechtigkeit – Fortschritt – Zukunft – Entwicklung der Gesellschaft mit neuen Freiheiten und Zwängen usw.

Die ganze Tagesordnung der Welt kann in diesem Sinne „unbedingt angehen" und bedingungslos herausfordern. Die „religiöse" Dimension solcher Situationen und Erfahrungen ausklammern, hieße den Menschen verkümmern lassen. Will die Schule den ganzen Menschen fördern, so muß sie alle bedeutsamen menschlichen Erfahrungen zur Sprache bringen, also auch und vor allem die Grund- und Grenzsituationen des menschlichen Lebens. Nur dadurch kann der Schüler instandgesetzt werden, sein ganzes Leben zu bewältigen, die Veränderbarkeit vieler Mängel und Mißstände zu erkennen und das wirklich Unabänderliche anzunehmen, als Schicksal oder als Geschenk.
Situationen, Erfahrungen und Bestimmtheiten solcher Art bleiben auch in Zukunft. Ihre menschenwürdige Bewältigung ist nur möglich, wenn der Schüler zugleich mit der Zunahme seiner Einzelkenntnisse gelernt hat, wissend und wertend, problembewußt und seiner selbst bewußt, sich der Herausforderung solcher Situationen zu stellen, ihren Frage- und Anrufcharakter überhaupt wahrzunehmen und zu artikulieren und sich einer ausdrücklichen Antwort nicht zu entziehen. Der schulische Religionsunterricht soll verhindern, daß die vom Schüler selbst zu gebende Antwort in diesem Bereich „primitiv und pauschal" ausfällt.

2.3.3
Derselbe Phänomenbereich enthält so viele wirkungsvolle Motivationen und Impulse, sich und die Verhältnisse kritisch zu betrachten, aus sich herauszugehen, über sich hinauszuwachsen im Dienst am anderen, an der Gesellschaft, daß dieses spezifische Potential eines nichts auslassenden Engagements nicht ungenutzt bleiben darf bei der Bewältigung von Zukunftsaufgaben.
Wer nach dem Sinn fragt, kann sich nicht mit dem Hinweis auf Zwecke zufrieden geben. Im Bereich der Religion kommt zweckfreie und doch sinnvolle Reflexion zum Zuge. Gegen den naiven Optimismus, alles machen, organisieren und in vorher geplanten Lernschritten vermitteln zu können, wird hier an das erinnert, was nicht machbar ist, sondern entgegengenommen werden muß. Der Mensch wird befähigt, seine Begrenztheit wahrzunehmen und sie auszuhalten. Zugleich wird ihm Hoffnung geschenkt, die über den Bereich des Machbaren hinaus Möglichkeiten eröffnet. Damit kann der Mensch Halt und Grund für sein Leben gewinnen.
Im Blick auf die religiöse Frage nach dem Ganzen und Letzten werden Teillösungen, Aspekte und Vorläufigkeiten besser als solche erkenntlich, so daß ihre unsachliche Absolutsetzung erschwert ist. Der Vorwurf der unbegrenzten Wissenschaftsgläubigkeit und Ideologieanfälligkeit wird man der Schule nicht so leicht machen können, wenn der Religionsunterricht eine Stelle ist, an der die Sinnfrage desillusioniert und „beunruhigt". Einer offenen Schule muß an dieser Funktion des Religionsunterrichts besonders gelegen sein.

2.3.4
Wenn man den Phänomenbereich „Religion" überblickt, wenn man bedenkt, daß seine konkrete Ausprägung in unserem Kulturkreis das Christentum darstellt, und wenn man dazu die Aufgaben einer „Schule für alle" berücksichtigt, so gibt es drei Argumentationsstränge für die schulische Begründung von Religionsunterricht:
- kulturgeschichtlich
- anthropologisch
- gesellschaftlich

Es muß demnach Religionsunterricht in der Schule geben

- weil die Schule den jungen Menschen mit den geistigen Überlieferungen vertraut machen soll, die unsere kulturelle Situation geprägt haben, und weil Christentum in seinen Konfessionen zu unseren prägenden geistigen Überlieferungen gehört;
- weil die Schule dem jungen Menschen zur Selbstwerdung verhelfen soll, und weil der Religionsunterricht durch sein Fragen nach dem Sinn-Grund dazu hilft, die eigene Rolle und Aufgabe in der Gemeinschaft und im Leben angemessen zu sehen und wahrzunehmen;
- weil die Schule sich nicht zufrieden geben kann mit der Anpassung des Schülers an die verwaltete Welt, und weil der Religionsunterricht auf die Relativierung unberechtigter Absolutheitsansprüche angelegt ist, auf Proteste gegen Unstimmigkeiten und auf verändernde Taten.

Jeder dieser drei Argumentationsstränge hat sein spezifisches Gewicht. Werden sie miteinander verflochten, so resultiert daraus die Notwendigkeit des Religionsunterrichts in der öffentlichen Schule.

2.4
Religionsunterricht aus theologischer Sicht

Soll das Spezifische des katholischen Religionsunterrichts gewahrt bleiben, muß außerdem geprüft werden, ob die hier genannten Aufgaben den Forderungen der Theologie als der ersten Bezugswissenschaft des Faches und dem Auftrag der Kirche entsprechen. Dieses zweite Kriterium verhindert, daß der Religionsunterricht sich blind jeglicher Schultheorie, Strömung oder Mode ausliefert. Die drei im vorhergehenden Abschnitt behandelten Argumentationsstränge werden hier unter theologischem Aspekt erneut aufgegriffen.

2.4.1

Der Religionsunterricht muß mit den geistigen Überlieferungen vertraut machen, das heißt mit wesentlichen Elementen des Religiösen, vor allem aber mit der Wirklichkeit christlichen Glaubens und der Botschaft, die ihm zugrunde liegt. Solches Vertrautmachen mit dem spezifisch Christlichen ist theologisch zu fordern als elementare Voraussetzung für jedes tiefere Glaubensverständnis, für das Verständnis des christlichen Gottesdienstes und christlichen Verhaltens und Handelns überhaupt.

Da sich der christliche Glaube an die geschichtliche Offenbarung Gottes gebunden weiß, ist der Religionsunterricht wie die Theologie notwendig verwiesen auf die Hl. Schrift und deren Entfaltung im Leben und Glauben der Kirche. Dies bedeutet jedoch nicht, daß der Religionsunterricht alle biblischen Texte und alle Lehren der Kirche vollständig und mit demselben Gewicht behandeln muß. Zunächst sind altersspezifische Voraussetzungen zu berücksichtigen. Darüber hinaus muß sich der Religionsunterricht entsprechend den Aussagen des zweiten Vaticanums über die Hierarchie der Wahrheiten (Oekumenismusdekret Nr. 11) auf das Fundament des Glaubens konzentrieren und das Gesamt des Glaubens vom Zentralen her verstehen. In den vielen Glaubenswahrheiten soll die Mitte des christlichen Glaubens erfaßt werden.

In solcher Weise ermöglicht der Religionsunterricht entsprechend seiner Eigenart eine lebendige Weitergabe des Überlieferten.

2.4.2
Offenbarung zielt auf das Heil des Menschen und seiner Welt. In der Bibel erweist sich Gott als der, der den Menschen in Wort und Tat verbunden ist. Der Mensch, der sich auf diese Botschaft einläßt, wird zum Partner Gottes und entdeckt bei der Suche nach seiner Identität neue Antworten auf die Fragen: Wer bin ich? Welche Rolle habe ich? Welchen Sinn hat mein Leben? Welchen Sinn hat das Dasein,
Theologie, die den Glauben reflektiert und verantwortet, muß deshalb offen und sensibel sein für den Menschen, seine Befindlichkeit, seine Situation, seine Vorstellungen, Nöte und Bedürfnisse. Was sie zu sagen hat, muß auf die Grundsituation des Menschen eingehen. Das bestätigt den Menschen nicht nur, sondern stellt ihn auch in Frage. Das von Gott Gewirkte geht immer weit über das hinaus, was Menschen ersehnen und erhoffen können, es steht oft auch im Gegensatz zu menschlichen Absichten und Wünschen, da es Umkehr fordert. Es geht also nicht um eine anthropologische Verkürzung der Theologie, sondern um ein theologisches Verstehen menschlicher Grundphänomene. Der Glaube soll im Kontext des Lebens vollziehbar, und das Leben soll im Licht des Glaubens verstehbar werden.
Der Religionsunterricht muß diese anthropologische Dimension des christlichen Glaubens zur Geltung bringen, dabei aber wissen, daß die Botschaft nicht aus, sondern an der Erfahrung und Situation des Menschen verifiziert wird; er ist nur dann christlicher Religionsunterricht, wenn er die Fragen und Probleme der Menschen und der Welt in Offenheit für das Zeugnis der Schrift und den Glauben der Kirche zu klären sucht. Das gilt unbeschadet der unabdingbaren Aufgabe des Religionsunterrichts, die humanen und religiösen Voraussetzungen für den Glauben zu fördern und Blockierungen zu lösen.
So treffen sich auch in anthropologischer Hinsicht schulpädagogische und theologische Anliegen.

2.4.3
Theologie geschieht in Auseinandersetzung mit der gesellschaftlichen Situation, zu deren Kennzeichen die Orientierung des heutigen Menschen auf Zukunft hin gehört. Diese Orientierung äußert sich in einer Dynamik, die die Welt verantwortlich gestalten will. Die Theologie erweist diesen Ansatz als genuin biblisch: Die Texte der Bibel enthalten an vielen Stellen Kritik an zeitgenössischen Zuständen. Sie entlarven falsche Ansprüche; sie rufen zur Umkehr, zur Veränderung und zur Ausrichtung auf die Zukunft. All dies wird von der Theologie aufgegriffen und weitergeführt, indem sie das Leben des Menschen in der Zeit unter den Aspekten von Glaube, Hoffnung und Liebe interpretiert und verändert.
Schon immer wurde Theologie getrieben in Auseinandersetzung mit religiösen und philosophischen Strömungen der jeweiligen Zeit. Heute ist die Theologie aufgefordert zur Auseinandersetzung und zum Dialog nicht nur mit der Philosophie und den Religionswissenschaften, sondern auch mit den Natur- und Humanwissenschaften. Dabei geht es sowohl um die Vermittlung der Ergebnisse dieser Wissenschaften mit theologischen Aussagen als auch um die Konfrontation der Theologie mit der von diesen Wissenschaften geprägten Mentalität und Denkweise.
Eine solche Theologie fordert den Religionsunterricht auf, sich dieser Auseinandersetzung zu stellen, seine Ziele und Themen so zu wählen, daß die Welt-

erfahrung jedes einzelnen, die realen Umstände, die Probleme und Konflikte des Lebens zu seinem integrierenden Bestandteil werden. Neben der Theologie und den Erziehungswissenschaften sind deshalb die Philosophie und andere Wissenschaften (z. B. Geschichte, Soziologie, Psychologie) als Bezugswissenschaften des Religionsunterrichts anzuerkennen. Auch die religionswissenschaftliche Betrachtungsweise ist zur Erhellung religiöser Phänomene, wie der Heilssehnsucht und der Sinnfrage, bedeutsam. Sie aber generell an die Stelle der theologischen zu setzen, hieße eine andere Art von Religionsunterricht konzipieren.

Die Theologie ist ausgerichtet auf den Vollzug von Glauben, Hoffnung und Liebe. Die Verwirklichung aber von Liebe und Frieden ist in hohem Maße abhängig vom Verstehen des anderen. Deshalb ist der Dialog mit dem religiösen, anthropologischen und naturwissenschaftlichen Denken unserer Zeit auch theologisch unbedingt zu bejahen.

Somit ist auch beim dritten Argumentationsstrang eine Annäherung pädagogischer und theologischer Forderungen gegeben.

2.4.4

Die christliche Botschaft ist Angebot und Einladung, von deren freier Annahme oder Ablehnung gemäß dem Evangelium das Heil oder das Unheil des Menschen abhängt. Zur freien Annahme gehört, daß der Mensch diese Einladung auch ablehnen kann. Obwohl die Dringlichkeit der Botschaft nicht verschwiegen werden darf, muß die Freiheit des Menschen respektiert werden. Weder die bereits gespendete Taufe noch die Sorge um das Heil berechtigen dazu, den andern auf grobe oder sublime Art zu nötigen. Durch Nötigung wird die freie Entscheidung zur „Nachfolge", die eine Entscheidung aus Liebe sein soll, verhindert. Weil Evangelium Befreiung bedeutet, darf trotz des dringenden Ernstes der Botschaft die unterrichtliche Vermittlung nichts von Manipulation an sich haben. Zwar geht der Weg des Menschen zur Selbstbestimmung immer über Fremdbestimmung; Erziehung geschieht durch „Vorgabe". Gerade deshalb aber muß der Erzieher wissen, daß er niemanden in Dingen des Glaubens zwingen darf. Er muß im Gegenteil mit Entschiedenheit den Menschen auf seine freie Entscheidung hin ansprechen.

Glaube ist nie selbstverständlich, er ist auch durch beste Lehrmethoden nicht organisierbar. Daraus folgt, daß auch die Leistungsbewertung (Notengebung) im Fach Religion unabhängig von der Glaubensentscheidung des Schülers erfolgen muß.

2.5 Ziele des katholischen Religionsunterrichts

Die in den beiden vorangehenden Abschnitten begründeten Funktionen des schulischen Religionsunterrichts lassen sich kaum auf eine kurze Zielformel bringen. Je globaler solche Formeln gemeint sind, um so mehr pflegen sie inhaltsleer und mehrdeutig zu geraten. Eindeutig und damit wirksam werden sie erst in der Konkretisierung. Deshalb wird im folgenden nur ein Zielspektrum genannt, das bei jeder Bestimmung von Teilzielen in diesem Bereich mitbedacht werden muß.

2.5.1*

Religionsunterricht soll zu verantwortlichem Denken und Verhalten im Hinblick auf Religion und Glaube befähigen (vgl. 2.2).

Wie kein anderes Schulfach fragt der Religionsunterricht auf der Grundlage reflektierter Tradition nach dem Ganzen und nach dem Sinn des menschlichen Lebens und der Welt. Er erörtert die Antworten, die Menschen heute auf diese Fragen geben und die sie in der Geschichte gegeben haben und zeigt dabei Mensch und Welt in ihrem Bezug zu Jesus Christus im Licht des kirchlichen Glaubens und Lebens. Auf diese Weise leistet er Hilfe zur verantwortlichen Gestaltung des eigenen wie des gesellschaftlichen Lebens (vgl. 2.3.2 und 2.4.2). Er führt in die Wirklichkeit des Glaubens ein, hilft sie zu verantworten und macht den Schülern deutlich, daß man die Welt im Glauben sehen und von daher seine Verantwortung in ihr begründen kann (vgl. 2.3.1 und 2.4.1).

So verhindert er, daß die Schüler den Lebenssituationen, Strukturen und Tendenzen, den Identifikationsmustern und Weltdeutungen (anderer und den eigenen) fraglos und sprachlos gegenüberstehen. Religionsunterricht soll Scheinsicherheiten aufbrechen, vermeintlichen Glauben ebenso wie gedankenlosen Unglauben. Damit kann einer drohenden Verkümmerung des Pluralismus zu „wohliger Indifferenz" gewehrt werden (vgl. 2.3.3 und 2.4.3).

Dem gläubigen Schüler hilft der Religionsunterricht, sich bewußter für diesen Glauben zu entscheiden und damit der Gefahr religiöser Unreife oder Gleichgültigkeit zu entgehen. Dem suchenden oder im Glauben angefochtenen Schüler bietet er die Möglichkeit, die Antworten der Kirche auf seine Fragen kennenzulernen und sich mit ihnen auseinanderzusetzen. Er kann somit seine Bedenken und Schwierigkeiten in den Erkenntnisprozeß einbringen. Dem sich als ungläubig betrachtenden Schüler, der sich vom Religionsunterricht nicht abmeldet, ist im Religionsunterricht Gelegenheit gegeben, durch die Auseinandersetzung mit der Gegenposition den eigenen Standort klarer zu erkennen oder auch zu revidieren.

Dabei geht es im Religionsunterricht nicht nur um Erkenntnis und Wissen, sondern ebenso um Verhalten und Haltung. Die Antworten des Glaubens haben Prägekraft. Aus ihnen ergeben sich Modelle und Motive für ein gläubiges und zugleich humanes Leben. Der Religionsunterricht macht infolgedessen auch ein Angebot von Bewältigungsmustern des Lebens – zur freien Aneignung durch den Schüler und zur Vorbereitung einer mündigen Glaubensentscheidung.

Aus alledem ergibt sich für den Religionsunterricht:

- er weckt und reflektiert die Frage nach Gott, nach der Deutung der Welt, nach dem Sinn und Wert des Lebens und nach den Normen für das Handeln des Menschen und ermöglicht eine Antwort aus der Offenbarung und aus dem Glauben der Kirche.
- er macht vertraut mit der Wirklichkeit des Glaubens und der Botschaft, die ihm zugrunde liegt und hilft, den Glauben denkend zu verantworten;
- er befähigt zu persönlicher Entscheidung in Auseinandersetzung mit Konfessionen und Religionen, mit Weltanschauungen und Ideologien und fördert Verständnis und Toleranz gegenüber der Entscheidung anderer;
- er motiviert zu religiösen Leben und zu verantwortlichen Handeln in Kirche und Gesellschaft.

---

* Zu 2.5.1 vergleiche die in diesem Abschnitt enthaltene Erklärung der Deutschen Bischofskonferenz zur Zielsetzung des kath. Religionsunterrichts vom 22./23. 11. 1972.

2.5.2

Dieses Zielspektrum läßt verschiedene Akzentsetzungen zu. So kann der Akzent einmal stärker auf der Auslegung des Daseins, dann wieder stärker auf der Auslegung der Überlieferung liegen. Es wäre jedoch unsachgemäß, diese Akzente gegeneinander auszuspielen. Auf das Ganze des Religionsunterrichts bezogen sollen heute gelebtes Leben und der Anspruch des Glaubens und seiner Wirkungsgeschichte in einem ausgewogenen Verhältnis zueinander stehen. Ob diese beiden Formen dem Zielspektrum entsprechend angewandt worden sind, muß sich darin erweisen, daß sie der Identitätsstärkung der Schüler dienen, ihnen eine Orientierungshilfe zur Glaubensentscheidung und zur Lebensführung vermitteln und sie zu kritischem Einsatz für die Gesellschaft motivieren.

2.5.3

Da es nicht nur um ein Bescheidwissen über Religion und Glaube, sondern immer auch um die Ermöglichung von Religion und Glaube selbst geht, bilden der Schüler, dessen Situation und Erfahrung, ein unabdingbares Kriterium der Auswahl von Zielen und Inhalten. Je feiner und konkreter die Unterrichtsziele bestimmt werden, um so mehr können die jeweilige Situation und die betreffende Bildungsstufe Berücksichtigung finden.
Grundsätzlich gelten die genannten Aufgaben und Ziele (2.3; 2.4; 2.5) für jede Schulstufe, auch für den Primarbereich; denn es liegt ihnen eine für alle Stufen verbindliche Konzeption zugrunde. Sie werden aber unterschiedlich akzentuiert je nach Alter, Interesse und Ausgangslage der Schüler. Dies muß bei der Gestaltung der Curricula für die jeweilige Schulstufe berücksichtigt werden.

2.5.4

Die Erkenntnis, daß bei der Bestimmung von Unterrichtsaufgaben Ziele den Inhalten vorangehen, ist grundsätzlich auch für den Religionsunterricht zu akzeptieren. Das kann aber nicht heißen, die Unterrichtsinhalte, also etwa Bibeltexte, dürften nur noch als beliebig austauschbare Mittel zum Zwecke der Realisierung von davon völlig unabhängigen Lernzielen dienen. Die Ziele dieses Faches lassen sich nicht definieren ohne Berücksichtigung der Eigenart der Gehalte, um die es dabei geht. Themen und Ziele bedingen sich gegenseitig. Die Zielformulierungen müssen dem Eigenwert der Inhalte, ihrer Geschichtsmächtigkeit, ihrem existentiellen Anspruch gerecht werden; sie müssen zugleich weit genug sein, um der Betroffenheit und Spontaneität des Schülers genügend Raum zu lassen. So darf – jedenfalls im Religionsunterricht – die Forderung nach der empirischen Überprüfbarkeit von Zielen nicht zum alleinigen Auswahlkriterium werden. Gerade für den Religionsunterricht ist ein sogenanntes „offenes Curriculum“ erforderlich.

2.6
Das Interesse der Kirche am Religionsunterricht

Einem Religionsunterricht nach dem vorliegenden Konzept kann nicht nachgesagt werden, er sei nur zur kirchlichen Nachwuchssicherung da und diene lediglich dazu, die Schüler durch Festlegung auf Antworten des katholischen Glaubens einzuengen oder gar zu fixieren.
Soll die Kirche an einem Religionsunterricht dieser Art interessiert sein? Muß sie sich heute nicht mit ihren personellen Kräften auf andere Aufgaben konzentrieren, etwa auf die Predigt, auf Sakramentenspendung und Diakonie?

Ehe die Kirche an einem Schulfach mitwirkt und damit ihr Engagement auf die Ziele der öffentlichen Schule abstimmt, muß sie sich fragen, ob diese Aufgabe ihrem Selbstverständnis entspricht, und welche Dringlichkeit der Erfüllung dieser Aufgabe in der gegenwärtigen Lage zukommt.
Zur kirchlichen Legitimierung und Motivierung dieses schulischen Religionsunterrichts lassen sich näherhin folgende Gesichtspunkte anführen:

2.6.1
In Jesus Christus hat sich gezeigt, wer Gott ist und wie er für die Menschen dasein will. Durch Christus wird der Mensch zum Glauben gerufen und zugleich zum „Dasein für andere" befreit und beauftragt. Zu einer Kirche, die sich auf Jesus Christus beruft, gehört als ureigene Aufgabe dieses „Dasein für andere". Unabhängig davon, ob die Menschen zu ihr gehören oder nicht, muß sie bereit sein, ihnen mit dem zu dienen, was sie ist, und was ihrem Auftrag entspricht. Religionsunterricht in der Schule ist eine der Formen, in denen sie diesen Dienst an jungen Menschen vollziehen kann. Er ist insofern unter diakonischem Aspekt zu sehen.

2.6.2
Die Kirche entspricht ihrem Auftrag, wenn durch ihre Beteiligung am Religionsunterricht gesellschaftskritische und humanisierende Impulse des Evangeliums wirksam werden können und einer Verengung des Denk- und Fragehorizontes der Lernenden auf Zweckrationalität gewehrt wird. Die Kirche darf sich nicht auf die Pflege weltloser Religiosität abdrängen lassen.
Der uneigennützige Dienst am einzelnen Menschen und an der Gesellschaft hat positive Rückwirkungen für diejenigen, die ihn ausüben: Die Zielsetzung des Religionsunterrichts zwingt dazu, den Zusammenhang des christlichen Glaubens mit grundlegenden menschlichen Fragen zu bedenken. Sie nötigt die Kirche, verständlich auf die Sinnfragen der Zeitgenossen zu antworten und sich auch mit anderen Antwortmöglichkeiten auseinanderzusetzen.

2.6.3
Die Wissenschaftsorientierung des Religionsunterrichts wird primär durch die Theologie getragen. Im Unterschied zum Schwärmertum hat sich der Glaube der Kirchen mit seinem Ja zur Theologie von Anfang an auf das Denken eingelassen. Der christliche Glaube beansprucht, nicht widervernünftig zu sein. Theologie gibt Rechenschaft über den Glauben der Kirche. Es ist für die Kirche bedeutungsvoll, daß das auch unter den Bedingungen der Schule geschieht.
So kann der Religionsunterricht der stets drohenden gesellschaftlichen und intellektuellen Isolierung der Kirche entgegenwirken. Er veranlaßt die Christen, im Dialog mit ihren nichtgläubigen Zeitgenossen zu bleiben und aus den pluralen Sinnentwürfen, mit denen es die heutige Gesellschaft zu tun hat und mit denen die Verlautbarungen der Kirche selbst in zunahmendem Maße rechnen, Anregungen zu empfangen und diese als Impulse in die Kirche einzubringen.

2.6.4
Weil im Religionsunterricht die Differenz zwischen dem Anspruch des Evangeliums und der konkreten Kirche deutlich und bewußt gemacht wird, darf man erwarten, daß Gemeindemitglieder, die durch diese Schule gegangen sind, zur Mitarbeit an der Erneuerung der Kirche fähig sind, die eine sachgerechte Kritik einschließt. Viel hängt davon ab, wie in der Kirche am Ort der Glaube

gelebt wird; denn die Glaubwürdigkeit des Religionsunterrichts wird auch an der Glaubwürdigkeit der Gemeinde und ihres Lebens gemessen. So ist der schulische Religionsunterricht eine heilsame Herausforderung für die christliche Gemeinde.

2.6.5
Schulischer Religionsunterricht ist also eine dringliche und lohnende Aufgabe für die Kirche. Es ist ein Gewinn:

- wenn die Schüler beim Verlassen der Schule Religion und Glaube zumindest nicht für überflüssig oder gar unsinnig halten;
- wenn sie Religion und Glaube als mögliche Bereicherung des Menschen, als mögliche Kraft für die Entfaltung seiner Persönlichkeit, als möglichen Antrieb für die Realisierung von Freiheit begreifen;
- wenn die Schüler Respekt vor den Überzeugungen anderer gewonnen haben;
- wenn sie fähig sind, in der Diasporasituation des Glaubens sich begründet und verantwortlich mit dem lebensanschaulichen Pluralismus auseinanderzusetzen und sich der Wahrheitsfrage zu stellen;
- wenn ihre Entscheidungsfähigkeit und Entscheidungswilligkeit so gefördert wurde, daß sie imstande sind, ihre persönliche Glaubenseinstellung zu überprüfen, zu vertiefen oder zu revidieren und so eine gewissenhafte Glaubensentscheidung zu treffen;
- wenn die Schüler, je nach Möglichkeit, angestoßen von diesem Unterricht, zu einer engagierten Begegnung mit der Wirklichkeit des Glaubens, einschließlich der konkreten Kirche, bereit und fähig sind.

Im Vergleich mit traditionellen Vorstellungen ist diese Liste eher bescheiden. Aber realistisch betrachtet ist nicht einmal alles hier Gesagte überall erreichbar. Je nach Situation wird das, was im Unterricht vernünftigerweise angestrebt werden kann, erheblich verschieden sein. Die Kirche schuldet den unmittelbar am Religionsunterricht Beteiligten diese realistische Sicht des durch Religionsunterricht in der Schule Erreichbaren. Die schulischen Bedingungen und Zielsetzungen des Faches sind verkannt, wenn an diesen Unterricht zu hohe Erwartungen hinsichtlich des Glaubensvollzugs gerichtet werden. Eine nüchterne Einschätzung der Möglichkeiten eines schulischen Religionsunterrichts entlastet Lehrer und Schüler und kann vor Enttäuschungen hinsichtlich der Effektivität dieses Unterrichts schützen.

2.7 Konfessionalität

Die Frage der Konfessionalität sollte weder von Gegnern noch von Befürwortern des schulischen Religionsunterrichts zum springenden Punkt der Diskussion gemacht werden, da die Konfessionalität nicht Hauptursache für die Krise des Religionsunterrichts ist. Zu fragen ist, wie der konfessionelle Religionsunterricht gestaltet sein müsse, um dem skizzierten Zielspektrum gerecht zu werden. Dabei wird sich zeigen, daß konfessioneller Religionsunterricht Elemente aufweist, die ihn pädagogisch besonders geeignet erscheinen lassen, der Zielsetzung der Schule und des Religionsunterrichts in ihr zu entsprechen. Die folgenden Aussagen über die Konfessionalität dürfen nicht isoliert gesehen werden. Sie sind im Licht der vorhergehenden Abschnitte zu sehen, nicht umgekehrt.

Es sind zunächst zwei Fragen zu erörtern: Einmal stellt sich das Problem von Konfessionalität und Offenheit; zum anderen ist der Wert von Konfessionalität zu erörtern.

2.7.1
Die Beschäftigung mit den Standpunkten anderer, der Respekt vor ihren Überzeugungen und das engagierte Gespräch mit ihnen gehört wesentlich zu einem zeitgemäßen konfessionellen Religionsunterricht.
Schon dies spricht dagegen, den hier konzipierten Religionsunterricht eng konfessionalistisch zu verstehen. Die radikalsten Fragen an die Glaubenden richten sich heute sowieso nicht an das Unterscheidende von katholischem oder evangelischem Glauben. Diese Fragen gelten vielmehr dem Grund des christlichen Glaubens überhaupt. Aber dieser Grund wird nicht dort ohne weiteres am besten erreicht, wo man die Konturen zwischen den bestehenden Konfessionen verwischt, sondern dort, wo man sich von klaren Positionen aus für das Gemeinsame der Konfessionen öffnet. In dieser Situation
- suchen Theologen oft im Austausch über die Konfessionsgrenzen hinweg nach Antworten;
- erfahren Gläubige beider Konfessionen, daß sie auf gegenseitige Hilfe im Glauben angewiesen sind und nehmen sie dankbar an;
- sind die Kirchenleitungen weithin dazu übergegangen bei gemeinsam berührenden Fragen – z. B. des Religionsunterrichts – auch gemeinsam nach außen aufzutreten.

Insgesamt sind die „Religionsgemeinschaften" offenbar dabei, ein enges oder ängstliches Konfessionsdenken zugunsten einer zunehmenden Zusammenarbeit aufzugeben. Eine solche Öffnung ist eher möglich auf der Basis einer klaren Konfessionalität. Wie die Kirchen durch ökumenisches Denken und Handeln immer stärker aufeinander zugehen und darüber hinaus zu Gespräch und Solidarität mit Menschen anderer Religionen und Ideologien bereit sind, ohne deswegen auf ihr eigenes Selbstverständnis und auf profilierte Meinungen und Überzeugungen verzichten zu müssen, so ist auch der konfessionelle Religionsunterricht zur Offenheit verpflichtet; der Gesinnung nach ist er ökumenisch. Im Unterschied zu einem nichtkonfessionellen Unterricht geschieht die Auseinandersetzung nicht unter dem Anspruch einer (ohnehin fragwürdigen) Neutralität, sondern von einem bestimmten Standpunkt aus. Dadurch besteht zwar immer die Gefahr einer falschen, die fremde Meinung verkürzenden und verzerrenden Apologetik – aber es ist ebensowohl ein redliches, von Toleranz und gemeinsamem Bemühen um die Wahrheit bestimmtes Gespräch möglich und wünschenswert.

2.7.2
Religion und Glaube haben es der Sache nach unabdingbar mit „Bekenntnis" zu tun. Bekenntnis erfolgt nicht nur im Bereich von Dogma und Credo. Es drängt auf ganzheitlicheren Ausdruck. Es wirkt sich aus in liturgischen Formen wie in Lebensäußerungen, in Ethos wie in Diakonie. Solch ein umfassend verstandenes Glaubensbekenntnis – ohne das der Glaube nicht sein kann, was er zu sein beansprucht –, ist aber an die lebendige Glaubensgemeinschaft gebunden. Greifbar ist es immer nur in seiner jeweiligen konkreten, geschichtlich-kulturellen Ausprägung. Das Bekenntnis ist nicht nur Sache eines einzelnen, sondern immer auch einer Gemeinschaft. Religionsunterricht hat es also schon von seinem Gegenstand her unweigerlich mit Konfession zu tun, auch

wenn er sich nicht nur an aktive Kirchenmitglieder wendet. Ideen wirken durch die sie tragenden Überzeugungsgruppen (Institutionen). Das gilt erst recht für Religion und Glaube, denn Glaube ist, soziologisch gesehen, „Wissen durch Mitgliedschaft".

Die wissenschaftliche Kompetenz zur Erteilung von Religionsunterricht erhält der Lehrer primär durch die Theologie; Theologie als wissenschaftliche Reflexion des Glaubens ist jedoch an die jeweilige Konfession gebunden.

Je weniger Glaubenspraxis und damit konfessionelle Prägung die Schüler heutzutage mitbringen, um so mehr könnte es sich nahelegen, zunächst die radikalen Fragen nach dem Grund des gemeinsamen christlichen Glaubens anzugehen und die konfessionelle Sichtweise möglichst aus dem Spiel zu lassen. Dagegen sprechen aber gewichtige Gründe: Die bedauerliche Tatsache, daß Christentum bei uns seit Jahrhunderten in Konfessionen getrennt existiert, hat zur Folge, daß die konfessionelle Prägung sich nicht nur in Randfragen bemerkbar macht. Schüler wie Eltern haben den berechtigten Anspruch, sich auch mit ihrer geistigen Herkunft auseinanderzusetzen. Dies wird sich besonders dort ergeben, wo der Unterricht die Beziehung zu realen Lebenssituationen herstellt, in denen Schüler das Christentum in konfessioneller Ausprägung erfahren. Aber auch die kongnitiven Lernziele sind häufig nicht ohne konfessionellen Standort zu bestimmen; erst recht kommt dieser zum Zuge, wenn es nicht bloß um Kenntnisse geht, sondern etwa um das Abwägen, Beurteilen, Bevorzugen und Annehmen von Werten. Sofern der Religionsunterricht Entscheidungshilfe, Lebenshilfe leisten will, hat er in dem Bereich dieser affektiven Lernziele einen Schwerpunkt. Solange es Christentum empirisch und konkret nur in verschiedenen Kirchen und Konfessionen gibt, dürften viele solcher Lernziele leichter erreichbar sein im Zusammenhang mit einer bestimmten Konfession. Befragungsergebnisse haben gezeigt, daß junge Menschen weniger in der Lehre des Christentums eine Identifikationsmöglichkeit finden als im Gemeindeleben, im Gottesdienst, im sozial-karitativen Engagement und im Brauchtum einer Kirche. Mag die praktische Verbundenheit der Schüler mit ihrer Konfession noch so gering sein: Immerhin bietet sie einen Anknüpfungspunkt für einen gemeinsamen „Boden", auf dem Lehrer und Schüler stehen. Durch ein gewisses „Vorverständnis" aber wird im Bereich von Religion und Glaube tieferes Verstehen erleichtert. Nur darf die Übereinstimmung in der Konfession nicht auf Kosten der Offenheit gehen, sondern muß zu ihren Gunsten genutzt werden.

2.7.3

Die Rechtslage spricht eindeutig für den konfessionellen Religionsunterricht. Wir können mit gutem Grund bei dem bleiben, was uns die Verfassung garantiert, müssen uns jedoch bemühen, diesen Rahmen entsprechend der veränderten Situation zu füllen. Der Rahmen ist damit gegeben, daß die Kirche in einem solchen Religionsunterricht sich nicht nur als Objekt behandelt sieht, sondern daß sie sich darin authentisch zur Sprache bringen darf durch Menschen, die ihr angehören. Innerhalb dieses Rahmens ist der Religionsunterricht so offen wie möglich zu gestalten.

2.7.4

Aus dem Gesagten ergibt sich,

- daß im Religionsunterricht der öffentlichen Schule Lehrer, Lehre und in der Regel auch die Schüler in einer Konfession beheimatet sein sollen;

- daß die betreffende „Religionsgemeinschaft" das Recht hat, Lehre und Lehrer zu autorisieren;
- daß die Offenheit des Religionsunterrichts nicht leiden muß, wenn er konfessionell ausgerichtet ist.

2.7.5
In der gegenwärtigen kirchlichen und bildungspolitischen Situation ist es weder angebracht noch möglich, starr und absolut am Konfessionalitätsprinzip des Religionsunterrichts festhalten zu wollen. Gelegentlich empfiehlt sich die Kooperation der Konfessionen im Religionsunterricht, zum Beispiel bei gemeinsam interessierenden Themen und Aktionen. Darüber hinaus können Modellversuche, Sonderfälle und Ausnahmesituationen Modifikationen des Konfessionalitätsprinzips erfordern. Im konkreten Fall soll man sich für Lösungen einsetzen, die den berechtigten Interessen der Schüler (bzw. den Wünschen der Erziehungsberechtigten) am besten entsprechen.
Aus staatskirchenrechtlichen, bildungspolitischen und kirchlichen Gründen muß zu solchen Regelungen das Einverständnis aller maßgeblich Beteiligten herbeigeführt werden. Das sind insbesondere die Schulbehörden der Bundesländer und die Bistums- und Kirchenleitungen. Eltern, Lehrer und Schüler sollen gehört werden. Bei der Suche nach Lösungen sollen die Verantwortlichen Wert darauf legen, mit anderen christlichen Kirchen und Gruppen so eng wie möglich zusammenzuarbeiten.

2.8
Der Religionslehrer

Die Verantwortung für die Krise des Religionsunterrichts darf nicht pauschal den Religionslehrern aufgebürdet werden. Ebensowenig läßt sich die Krise durch eine Beschreibung des idealen Religionslehrers überwinden. Dennoch ist es unerläßlich, die angezielten Qualifikationen zu umschreiben.

2.8.1
Ein Religionslehrer soll sensibel sein für die religiöse Dimension der Wirklichkeit. Er muß selber ein Mensch sein, der nach dem Sinn des Lebens und der Welt zu fragen gelernt hat. Sachkompetenz hat im Falle des Religionsunterrichts nur derjenige, der über Methoden- und Sachkenntnis verfügt, der pädagogisch-didaktisch versiert ist und der zugleich existentiellen Bezug zu dieser „Sache" hat.

2.8.2
Für den Religionslehrer sind infolgedessen Religiosität und Glaube nicht nur ein Gegenstand, sondern auch ein Standort. Das hindert ihn nicht, fair mit verschiedenen Standpunkten und Auffassungen anderer bekanntzumachen. Bei ihm wissen Schüler, Eltern und Gesellschaft, woran sie sind. Auf solche Transparenz haben sie einen Anspruch. Erst in der Begegnung mit einer Person, die sich entschieden und eine Glaubensposition für sich verbindlich gemacht hat, erfährt der Schüler, daß religiöse Fragen den Menschen vor die Entscheidung stellen. Ein Lehrer ohne eigene Glaubensposition würde den Schülern nicht das gewähren, was er ihnen in diesem Bereich schuldet.

2.8.3
Ein Religionslehrer soll bereit sein, die Sache des Evangeliums zu seiner eigenen zu machen und sie – soviel an ihm liegt – glaubwürdig zu bezeugen. So hilft er dem Schüler, im Evangelium eine Herausforderung zu erkennen und diese zu beantworten. Daß sein Glaube sich oft als tragfähig für Zweifel erweisen muß, braucht der Lehrer seinen Schülern nicht zu verhehlen.

2.8.4
Ein Religionslehrer soll bereit sein, die Verantwortung der Kirche für die Inhalte des Religionsunterrichts mitzutragen. Der religiös wache und gläubige Religionslehrer sucht in der Kirche die Kommunikationsbasis für sein Glaubensleben. Dort kann er spirituelle Impulse erhalten und so vor der Verkümmerung seines Glaubens und einer Versandung des religiösen Leben bewahrt werden. Hier kann er an der Glaubenserfahrung anderer Christen teilhaben und seine Impulse einbringen.

2.8.5
Die Bindung des Religionslehrers an die Kirche erfordert gleichzeitig ein waches Bewußtsein für Fehler und Schwächen, sowie die Bereitschaft zu Veränderungen und Reformen. Darin liegt Konfliktstoff. Die Bindung kann daher nicht die Verpflichtung auf ein verklärtes, theologisch überhöhtes Idealbild der Kirche beinhalten. Die Spannung zwischen Anspruch und Realität, zwischen der Botschaft Jesu Christi und der tatsächlichen Erscheinungsweise seiner Kirche, zwischen Ursprung und Gegenwart, darf nicht verharmlost und schon gar nicht ausgeklammert werden. Liebe zur Kirche und kritische Distanz müssen einander nicht ausschließen. Sie stehen zueinander in einem ausgewogenen Verhältnis, wenn mit der Kritikfähigkeit Hörbereitschaft und selbstloses Engagement wachsen.

2.8.6
Ein Religionslehrer soll bereit sein zu kritischer Solidarität mit seinen Schülern, indem er ihre Fragen als Ausdruck gegenwärtiger Welterfahrung ernstnimmt. Vor dem Anspruch Gottes sind Lehrer und Schüler – trotz der größeren Sachkompetenz des Lehrers – gleichermaßen Befragte und Lernende. Ein Religionslehrer, der sich mit der befreienden Botschaft des Evangeliums identifiziert, wird nicht nur die personale Freiheit der Schüler vollauf respektieren, sondern auch bereit sein, sich von ihren Erfahrungen in Frage stellen zu lassen.

2.8.7
Nicht selten gewinnen die Kollegen des Lehrers ihr Bild von der Kirche aus der Begegnung mit dem Religionslehrer. Er ist auch in Bezug auf das Kollegium seiner Schule Multiplikator. Das drückt sich zunächst aus in seiner Solidarität mit den Kollegen. Wo aber der Religionslehrer in eine Außenseiterposition gerät, weil er sich mit der Sache des Glaubens identifiziert, soll er sich nicht scheuen, diese Rolle bewußt anzunehmen.
Die Kirche und ihre einzelnen Gemeinden dürfen den Religionslehrer bei der Erfüllung seiner vielfältigen Aufgaben nicht im Stich lassen, sondern müssen ihn darin fördern und stützen.

3. Folgerungen und Forderungen

3.1
Aufgrund der Beobachtungen zur Situation und im Sinne des dargelegten Konzeptes tritt die Synode für einen spezifischen schulischen Religionsunterricht ein. Ein solcher Religionsunterricht ist pädagogisch eine unentbehrliche Komponente im Rahmen der allgemeinen Schulziele; er ist theologisch begründet und verantwortet aus dem Grundauftrag der Kirche; er ist angesichts der pastoralen Situation in der Bundesrepublik Deutschland sinnvoll. Der Religionsunterricht ist ordentliches Lehrfach. Alle Bemühungen der Kirche entlassen den Staat nicht aus seiner Verantwortung für dieses Fach.

3.2
Die Synode weiß, daß noch so treffende Erklärungen für die Realisierung des Religionsunterrichts von geringerem Gewicht sind im Verhältnis zum persönlichen Einsatz derer, die diesen Unterricht erteilen. Sie weiß sich der theoretischen und praktischen Vorarbeit von Religionslehrern und Religionspädagogen verpflichtet, die zur Konzeption eines pädagogisch und theologisch verantworteten Religionsunterrichts in der Schule beigetragen haben.

3.3
Der schulische Religionsunterricht bedarf des Interesses, der Förderung und der kritischen Begleitung durch alle Katholiken, durch die Pfarrgemeinden, durch die entsprechenden Einrichtungen, Verbände und Gruppen. Die Synode fordert vor allem die Eltern auf, ihre Verantwortung für den Religionsunterricht in der Schule zu erkennen. Sie bittet sie, die Möglichkeiten und Grenzen des Religionsunterrichts realistisch zu sehen und nicht Erwartungen an ihn zu richten, die er von den spezifisch schulischen Bedingungen und Zielen her nicht erfüllen kann. Religionsunterricht in der Schule kann den Eltern nicht die Verantwortung für die religiöse Erziehung abnehmen. Er ist vielmehr auch auf das Glaubensleben in Familie und Gemeinde angewiesen. Ihrerseits sollen die Eltern es als Gewissenspflicht ansehen, die Teilnahme ihrer Kinder am Religionsunterricht zu fördern.

3.4
Die Synode bejaht den von der Verfassung garantierten konfessionellen Charakter des Religionsunterrichts. Dafür spricht vor allem, daß Christentum in Form von Konfessionen existiert. Konfessioneller Religionsunterricht ist eine Form, das fundamentale Menschenrecht auf freie Religionsausübung zu realisieren. Zur Konfessionalität gehört die Orientierung von Lehre, Lehrern und in der Regel auch der Schüler am gleichen Bekenntnis. Konfessioneller Religionsunterricht verlangt, daß der Lehrer mit Billigung und im Auftrag seiner Kirche unterrichtet. Die Synode erinnert die Öffentlichkeit nachdrücklich an den Verfassungsauftrag, allen interessierten Lernenden auch im öffentlichen Bildungswesen die Möglichkeit zur Teilnahme an einem konfessionell orientierten Religionsunterricht zu geben, der den übrigen Schulfächern rechtlich gleichgestellt ist.
Katholischer Religionsunterricht muß aus theologischen Gründen von ökumenischer Gesinnung getragen sein. Darüber hinaus soll er auch mit den nichtchristlichen Religionen und anderen weltanschaulichen Positionen in Dialog stehen.

Die Synode bejaht mit dem Konfessionalitätsprinzip zugleich die gegebenenfalls notwendigen und wünschenswerten Modifikationen dieses Prinzips im Rahmen der genannten Bedingungen (2.7.5).

3.5
Die Ausbildung der Religionslehrer besitzt besondere Bedeutung und muß daher im Niveau der Ausbildung für vergleichbare Fächer entsprechen. Um den Zugang zum Beruf des Religionslehrers (etwa auch in Form der Weiterbildung durch eine zusätzliche Fakultas) der verschiedenen Schulstufen und Schulformen nicht zu erschweren, gleichzeitig aber eine optimale Ausbildung zu gewährleisten, sind differenzierte, berufsbezogene Studiengänge zu entwickeln. Bereits die Ausbildung muß ökumenischen Belangen Rechnung tragen. Das Studium anthropologischer, soziologischer und erziehungswissenschaftlich-didaktischer Fragestellungen muß mit der theologischen Ausbildung korrespondieren. Bei den sich rasch wandelnden Fragestellungen kommt der Fortbildung eine besondere Bedeutung zu. Die Synode begrüßt die vielfältigen Initiativen und Anstrengungen der Diözesen für eigene und gemeinsame Fortbildungsmöglichkeiten, auch solche zur Vertiefung des persönlichen religiösen Lebens. Die Angebote sind an den Bedürfnissen derer zu orientieren, die sich fortbilden sollen. Eine Zusammenarbeit mit den Lehrerorganisationen ist dabei wünschenswert, wie überhaupt die Beteiligung der Betroffenen bei der Planung von Fortbildungsveranstaltungen und Reformvorhaben. Staat und Kirche sind aufgerufen, die Lehrer zu Fort- und Weiterbildung freizustellen und die nötigen Sachinvestitionen zu leisten. Die Lehrer sind selbst aufgerufen, alle Möglichkeiten zu ihrer Fortbildung zu nutzen. Im Zusammenhang mit dem Aufbau von Kontaktstudien ist die Möglichkeit zu prüfen, die Religionslehrer zur Fortbildung in bestimmten Zeitabständen zu verpflichten. Es sollte auf die Einrichtung eines „Bildungsurlaubs" für alle Religionslehrer, auch die nebenamtlichen, gedrängt werden. Besonders die nebenamtlichen Religionslehrer bedürfen der Hilfe durch eine ausreichende fachwissenschaftliche und didaktisch-methodische Fortbildung.

3.6
Ein vertrauensvolles Verhältnis zwischen den Religionslehrern und den kirchlichen Amtsträgern ist wichtig. Aus der Kompetenz der Kirche für den Inhalt des Religionsunterrichts ergibt sich die Notwendigkeit einer kirchlichen Beauftragung des Religionslehrers. Diese Kompetenz trifft mit dem Auftrag der Schule und der rechtlichen Verantwortung des Staates zusammen.
In der Lehrbeauftragung des Religionslehrers nimmt der Bischof im Namen der Kirche den angebotenen beruflichen Dienst des Religionslehrers an; zugleich mit diesem Auftrag wird so die Solidarität der Kirche mit dem Religionslehrer und des Religionslehrers mit der Kirche bekundet.
Die Synode schlägt vor, den Ausdruck „missio canonica" für den Bereich des Religionsunterrichts in der Schule mit „kirchliche Beauftragung" zu umschreiben. Ihr sollte ein ständiger Kontakt entsprechen, der dem Lehrer die Gewißheit vermittelt, daß die entsprechenden kirchlichen Stellen bereit sind, ihn zu fördern, ihm Möglichkeiten zur Fort- und Weiterbildung anzubieten und ihn in seiner schwierigen Aufgabe zu unterstützen.

3.7
Der Religionsunterricht dient nicht primär einer systematischen Stoffvermittlung. Die Synode wünscht, daß er – den Ansätzen moderner Didaktik gemäß

– sich auf die Situationen der Schüler bezieht, sich ihren Fragen stellt, ihren Problemen nachgeht und Erfahrung zu vermitteln sucht. Selbstverständlich muß er, wie jedes Schulfach, einen überprüfbaren Wissenszuwachs erbringen.
Die Schüler sollen in angemessenem Umfang zu verantwortlicher Mitarbeit bei der Planung und Gestaltung des Unterrichts herangezogen werden. Realisierbare Rahmenrichtlinien, Curricula und zielorientierte Unterrichtshilfen sind Voraussetzungen für erfolgreichen Religionsunterricht. Sie sind ständig an die sich rasch wandelnde Situation anzupassen. Ebenso muß das Angebot zeitgemäßer und differenzierter Medien verstärkt und leichter zugänglich gemacht werden.
Angesichts des Unterschieds von Lebenslage und Glaubenssituation der Lernenden hält es die Synode für erforderlich, alternative Curricula, Lehrbücher und Lernmittel für alle Bildungseinrichtungen und Bildungsphasen bereitzustellen, unter denen die unmittelbar Verantwortlichen frei wählen können.
Die Synode begrüßt die Initiative der Deutschen Bischofskonferenz zum Aufbau einer Organisation fortlaufender Curriculumreform. Für die Arbeit sind qualifizierte Fachleute heranzubilden; auch für die internationale Kooperation ist Sorge zu tragen.

3.8
Katholischer Religionsunterricht ist eine Form verwirklichter Glaubens- und Gewissensfreiheit. Konfessioneller Religionsunterricht ist aber auch das einzige Fach, von dem sich der Lernende (in der Mehrzahl der Bundesländer ersatzlos) abmelden kann.
Die Synode begrüßt deshalb die Einführung eines Unterrichtsfaches, das alle Schüler besuchen, die am Religionsunterricht nicht teilnehmen, unter der Voraussetzung, daß in diesem Fach Sinn- und Wertfragen gestellt und sachgerecht beantwortet werden können.
Durch ein solches Fach werden Unzuträglichkeiten gemildert, die sich aus der Sonderstellung eines Faches mit Abmeldemöglichkeit ergeben. Die Einführung eines solchen Faches trägt wesentlich dazu bei, daß die Entscheidung für oder gegen die Teilnahme am Religionsunterricht Gewissensentscheidung ist und Kollektivdruck vermindert. Sie erleichtert es auch, sachgerechte Anforderungen an die Leistungen der Schüler im Religionsunterricht zu stellen.

3.9
Religionsunterricht in der öffentlichen Schule kann nicht alles leisten, was zur Glaubenserziehung gehört. Er ist nur Teil eines größeren Ganzen von religiösen Lern- und Erziehungsprozessen. Er kann ergänzt werden durch außerschulische Veranstaltungen des Religionslehrers mit interessierten Schülern. Darüber hinaus muß aber der Religionsunterricht der öffentlichen Schule in Zukunft mehr als bisher durch die verschiedenen katechetischen Bemühungen der Gemeinde ergänzt und weitergeführt werden. Dazu gehören insbesondere Maßnahmen der Kinder- und Jugendpastoral, vor allem aber der kirchlichen Erwachsenenbildung. Die Gemeinden sind für die vermehrt auf sie zukommenden katechetischen Aufgaben noch nicht hinreichend vorbereitet. Fragen und Konsequenzen, die sich daraus ergeben, behandelt das Kommissionspapier der Synode: „Das katechetische Wirken der Kirche".
Die Synode appelliert an die katholischen Lehrer, ihre Erfahrungen in die katechetische Arbeit der Gemeinde einzubringen. Sie bittet aber auch die Gemeinden, die Sorge für den schulischen Religionsunterricht mitzutragen.

C Festlegung und Erläuterung der für die Analyse notwendigen Hauptkategorien

Bei jedem Unterrichtsfach ist die entscheidende Frage, die bei der Grundkonzeption des gesamten Faches ebenso wie bei der täglichen Vermittlung gestellt werden muß:
Welche Ziele werden mit welchen Inhalten wie vermittelt?
Als Globalziel der Schule wird heute allgemein die Emanzipation anerkannt. Zum Erreichen dieses Zieles ist ein ganz bestimmtes Sozialisationsverständnis notwendig. Nun muß entschieden werden, wie die Inhalte im Bezug auf das Ziel und auf dem Boden dieses Sozialisationsverständnisses ausgewählt und vermittelt werden. So ergeben sich aus der oben gestellten Grundfrage die drei Hauptkategorien, nach denen das Synodenpapier analysiert werden soll:

- Sozialisation
- Emanzipation
- Curriculum

Die Behandlung dieser drei Gebiete soll nicht nur die Voraussetzung schaffen für die spätere Analyse, es soll auch gleichzeitig der Versuch sein, den heutigen Stand der Diskussion in Kurzform aufzuzeigen.

I. SOZIALISATION, ROLLE, INTERAKTION, IDENTITÄTSFINDUNG

1. Allgemeine Klärung des Begriffes Sozialisation

Jeder Mensch wird in eine bestimmte Gesellschaft hineingeboren. Im Gegensatz zum Tier, das durch Instinkte seiner artspezifischen Gattung geprägt ist, ist der Mensch bei seiner Geburt noch nicht festgelegt. „Als Neugeborenes ist das Kind noch kein Mensch, sondern die Möglichkeit des Menschen“ *(Fisch)*[1].

Erst in der Auseinandersetzung mit der sozialen Umwelt lernt der Mensch, seine vorhandenen (angeborenen) Möglichkeiten zur Entfaltung zu bringen und sich in dieser Gesellschaft zurechtzufinden. Diesen Prozeß des Hineinwachsens in seine Gesellschaft bezeichnet man mit Sozialisation. „Sozialisation bezeichnet den Prozeß, in welchem das Kind die Normen und Werte derjenigen Gruppen lernt, denen es angehört“ *(Rückriem)*[2].

„Sozialisation faßt jene Lernprozesse zusammen, durch die ein menschlicher Organismus diejenigen Qualifikationen des Verhaltens erwirbt, die erforderlich sind, um in Gruppen, Institutionen und als Inhaber sozialer Positionen mit anderen Mitgliedern der Gesellschaft kommunizieren zu können“ *(Mollenhauer)*[3].

„Unter Sozialisation wird jener Prozeß des sozialen Lernens begriffen, durch den die (heranwachsenden) Individuen im Rahmen einer bestimmten Gesellschaft und im Medium gesellschaftlichen Umgangs sozial handlungsfähig werden“ *(Wulf)*[4].

Will man das Geschehen, das sich in der Sozialisation abspielt, analysieren, so braucht man theoretische Modelle, die die Beziehung von Individuum und Gesellschaft zu erklären versuchen. Innerhalb der Psychologie, Psychoanalyse und der Soziologie sind solche Erklärungsversuche entstanden. Ein alle Aspekte umfassendes theoretisches Modell gibt es aber nicht. Hier seien einige wichtige Ansätze erläutert.

2. Ansätze einzelner Wissenschaften zur Deutung des Sozialisationsprozesses

a) Ansatz der Psychologie

Die behavioristische Psychologie hat durch Tierexperimente wichtige Erkenntnisse des Lernvorgangs gewonnen. Wenn die Tiere eine vom Experimentator gewollte Tätigkeit ausübten, wurden sie belohnt, bei nicht richtigem Ausführen durch Stromschlag bestraft. Sowohl Belohnung als auch Bestrafung können zu Verhaltensänderungen führen, wobei der Begriff „Verstärkung“ *(reinforcement)* eine wichtige Rolle spielt. Nun auf die Sozialisierung angewandt. „Was für die Ratte das Labyrinth ist, sind für das Kind die Gesellschaft und die Kultur. Das Verhalten der Mutter ist analog zum Verhalten des Experimentators. Sie bestimmt, was das Kind lernen soll, sie legt die Normen für erwünschtes Verhalten fest. Wenn sich das Kind diesen Normen entsprechend verhält, belohnt sie es, bei Abweichungen wird es bestraft“ *(Fend)*[5]. Vater und Mutter versuchen, das Kind durch Belohnung und Strafe zum gewünschten Verhalten zu bringen. „Mit Sozialisierung sind *‚child-rearing practices‘* gemeint, besonders jene, die während der frühen Kindheit in der Familie angewendet werden. Durch sie lerne der Mensch sozial akzeptable Verhaltensweisen und werde dadurch in die Gesellschaft eingegliedert“ *(Fend)*[6].

b) Ansatz der Psychoanalyse

Einen starken Einfluß auf die Sozialisationsforschung hatte die Psychoanalyse von *Sigmund Freud*. Er sah den Menschen als ein dynamisches System von Energien. Nach ihm besteht die Persönlichkeit aus drei Hauptsystemen – dem Es, dem Ich und dem Überich. Dabei waren folgende Erkenntnisse von Wichtigkeit: erstens frühe Kindheitserfahrungen auf das spätere Erwachsenenleben und zweitens die Entstehung des Überich; dabei ist besonders das Überich als der Ort der Wertvorstellungen von Bedeutung. „Beim Ausleben der grundlegenden Impulse kann das Individuum vom Wege der Regeln und Werte seiner Gesellschaft abgeraten. Diese Regeln und Werte werden dem Kinde dadurch klargemacht, daß es von seinen Eltern für sein Verhalten belohnt bzw. bestraft wird. Als Folge entwickelt sich im Kinde das sogenannte Überich, ein System zurückhaltender und hemmender Kräfte in Richtung auf diejenigen Grundimpulse, die von der Gesellschaft als gefährlich und abträglich angesehen werden. Das Überich wird zum Gewissen und zum moralischen Empfinden des Kindes"[7].

Folgende Darstellung verdeutlicht das Zusammenspiel der drei Kräfte.

Die Ausbildung des Gewissens im Zusammenspiel von Es, Ich und Überich

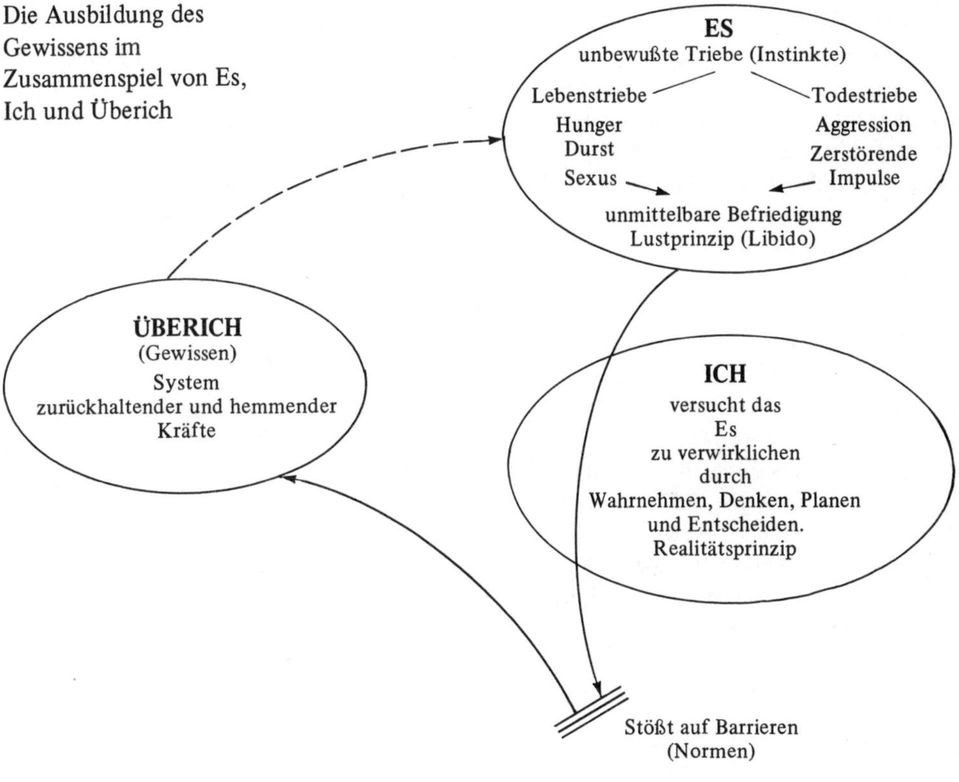

Die von der Psychoanalyse beeinflußte Sozialisationsforschung sah in der Sozialisation vor allem den Prozeß der Internalisierung von Normen und elterlichen Standards.

c) Ansatz der Sozialpsychologie

Der sozialpsychologische Ansatz der Sozialisation will die Frage klären, wie Selbstbewußtsein des Menschen entsteht. Prägend war hier die Auffassung von *G. H. Mead*. Nach ihm

wird der Mensch zu einem sozialen Wesen dadurch, daß er eine Sprache lernt, und diese Sprache lernt er in Interaktion mit anderen Menschen. „Er kann Aussagen machen und über seine Aussagen nachdenken; er kann sowohl Subjekt als auch Objekt von Aussagen sein. Diese Reflexivität ist das kennzeichnende Merkmal des menschlichen ‚Selbst'. Der Mensch lernt Ideen und Gefühle sich selbst gegenüber. Dieses Selbst enthält unter anderem ein kognitives System von Regeln und Normen über gewünschte Verhaltensweisen in einer Gruppe. Ein zentraler Begriff in der Theorie der Entstehung des Selbst ist der *‚generalized other'*. Mit diesem Ausdruck wird das System von Regeln und Normen bezeichnet, welches das organisierte soziale Leben reguliert" *(Fend)*[8].
Wenn ein Mensch mit anderen Menschen zusammenleben will, dann muß er das zugrundeliegende Normen- und Regelsystem lernen und beherrschen: deshalb ist für *Mead* das Regelspiel *das* Paradigma für soziales Leben. Der Prozeß der Sozialisation wird hier durch die Übernahme des *generalized other* gekennzeichnet.
Durch die Vertreter der Sozialpsychologie bekommt der kognitive Aspekt der Sozialisation eine besondere Bedeutung.

d) Ansatz der Soziologie
Die Soziologie setzte bei der Frage an, wie eine soziale Ordnung innerhalb einer menschlichen Gesellschaft überhaupt möglich ist. Dabei geht es um die Frage der Normen, Werte und die Voraussetzungen menschlichen Zusammenlebens. Bereits um die Jahrhundertwende hat *Emile Durkheim* mit dem Begriff Sozialisation gearbeitet. Er schreibt:
„Die Erziehung ist die Wirkung, die die Erwachsenengeneration auf jene ausüben, die für das soziale Leben noch nicht reif sind. Sie hat das Ziel, beim Kind eine bestimmte Anzahl von physischen, intellektuellen und moralischen Zuständen zu erwecken und zu entwickeln, die sowohl die politische Gesellschaft in ihrer Gesamtheit und das Spezialmilieu, dem er anzugehören bestimmt ist, von ihm verlangt"[9]. Die Maßnahmen der Erziehung also schaffen erst das soziale Wesen. Alle Maßnahmen dieser Art bezeichnet Durkheim als *‚socialisation méthodique"*[10], d.h. methodische Sozialisation.
Eine soziale Ordnung ist nur möglich, wenn alle Mitglieder einer Gesellschaft ihr Wertsystem gelernt haben. *Durkheim*[11]: „Die Gesellschaft hat uns geformt und jene Gefühle in uns gelegt, die uns so befehlend unser Verhalten vorschreiben, und die mit dieser Energie reagieren, wenn wir uns widersetzen, ihren Befehlen zu gehorchen. Unser Moralgewissen ist ihr Wert und sie drückt es aus; wenn unser Gewissen spricht, spricht die Gesellschaft in uns". Für ihn bedeutet also Sozialwerdung: Lernen von Normen und Werten, Lernen einer menschlichen Moral. Diese Normen und Werte tauchen in allen späteren soziologischen Ansätzen wieder auf.

3. Rollentheorie

Aus dem soziologischen Ansatz stammt die Rollentheorie, die erstmals durch die Arbeiten *Talcott Parsons* (1951) bekannt wurde. Sozialisation wird im Sprachgebrauch der Rollentheorie als Erlernen von Rollen bezeichnet. Dabei muß festgehalten werden, daß der Begriff der Rolle lediglich ein theoretischer Begriff (analytisches Instrument) ist, der der Realität nicht entspricht und nur versucht, die Vermittlung des einzelnen mit der Gesellschaft begrifflich zu fassen. „Sozialisation ist bei Anwendung dieses Begriffes der Vorgang, durch den

das Kind nach und nach in das Repertoire an Rollen eingeführt wird, die man als erwachsenes Mitglied seiner sozialen Gruppe beherrschen muß" *(Krappmann)*[12].
Zunächst muß man unterscheiden zwischen zugewiesenen Rollen und erworbenen Rollen. Zugewiesene Rollen sind: Alter, Geschlecht, Abstammung, Rasse; als erworbene Rollen bezeichnen wir diejenigen, die wir im Laufe unseres Lebens gelernt haben.
An jedes Individuum einer sozialen Gruppe werden von den anderen Mitgliedern bestimmte Erwartungen gestellt. Die Summe dieser Erwartungen an das Individuum ist seine Rolle.
Das richtige Rollenverhalten in seiner Gesellschaft lernt der Mensch in seinem Sozialisationsprozeß, wobei wir eine primäre und eine sekundäre Sozialisation unterscheiden. Die primäre Sozialisation erstreckt sich etwa bis zum 3./4. Lebensjahr. Das Kind erfährt in der Familie in dieser Zeit die unterschiedlichsten Anforderungen und Erwartungen der einzelnen Familienmitglieder. Dabei entwickelt es die Fähigkeit, seine eigene Rolle als Kind, Bruder oder Schwester entsprechend den geltenden Erfordernissen zu erfüllen. Es versucht, das zu tun, was von ihm verlangt wird. In dieser Phase erlernt es die Sprache, die entscheidend dafür notwendig ist, daß das Kind nach den in der Familie gültigen Normen handeln kann. Am Ende der primären Sozialisationsphase hat das Kind die in der Familie geltenden Werte und Normen soweit verinnerlicht, daß es jetzt diese auch außerhalb der Familie zu befolgen bereit ist. In der sekundären Sozialisation lernt das Kind und später der Erwachsene neue Rollen hinzu (mit Freunden, im Kindergarten, in der Schule, im Beruf, in der Kirche, in der neugegründeten Familie, als Rentner). Dabei ist wichtig, daß die sekundäre Sozialisation die primäre nicht von Grund auf neuformen kann, sondern nur erweitern und modifizieren *(Gottschalch)*[13]. Versucht nun der Mensch, die Erwartungen der Gesellschaft – und damit ihre Werte und Normen – nicht zu erfüllen, greifen die Bezugsgruppen zu Maßnahmen, die den Inhaber einer sozialien Rolle zwingen sollen, den Erwartungen zu entsprechen. Solche Maßnahmen nennt man Sanktionen.
Sanktionen sind also die Reaktionen der Gesellschaft sowohl auf normgemäßes als auch auf abweichendes Verhalten des Einzelnen: bei Einhalten der Norm erfolgen positive Sanktionen (Lob, Belohnung usw.), bei Nichteinhalten negative Sanktionen (Tadel, Strafe usw.). Die Normen und Werte, die zunächst wegen der Auswirkungen von Sanktionen befolgt werden, werden im Laufe des Sozialisationsprozesses verinnerlicht, sie werden internalisiert, d.h. das Individuum handelt auch dann gemäß der Normen, wenn kein unmittelbares Eingreifen der Gesellschaft durch Sanktionen erfolgen kann; der Mensch handelt aus Überzeugung.

Das Entscheidende der Rollentheorie hat *Krappmann* in fünf Punkten zusammengefaßt:
„1. Rollenspiel ist ein Interaktionsvorgang, in dem Rollenpartner – mindestens zwei – kommunikativ handeln. Das setzt voraus, daß die Partner in der Lage sein müssen, mit Hilfe eines Symbolsystems – im üblichen Fall mit Hilfe einer Sprache – sich über ihre Intentionen zu verständigen.
2. Die Rollenpartner orientieren ihr Handeln an vorgegebenen Normen, die (komplementäre) Verhaltenserwartungen formulieren.
3. Dennoch handeln die Individuen nicht immer rollenkonform. Norm und faktisches Verhalten sind zu unterscheiden.
4. Sanktionen aber sollen sichern, daß die Rollenpartner ihr Verhalten tatsächlich an den Normen orientieren. Es gibt positive und negative Sanktionen in zahlreichen Abstufungen.
5. Einige Rollentheoretiker fügen noch einen weiteren Gesichtspunkt hinzu: Sie betonen, daß das System interagieren – der Rollenpartner Gleichgewichtsbedingungen erfüllen muß und selbstregulierend wirksam ist"[14].

Die Einführung des Begriffes der Rolle war für die Sozialisationsforschung von großer Bedeutung, da auch die neueren Erklärungsversuche auf diesem Begriff fußen.

4. Verarbeitung und Weiterführung des Sozialisationsbegriffes im deutschsprachigen pädagogischen Raum

a) *Brezinka, Fend*

1957 hat nun *Brezinka*[15] den Sozialisationsbegriff in die deutsche pädagogische Diskussion eingeführt. Er schreibt: „Wie das Kind die physische Luft einatmet und dadurch seinen Leib am Leben erhält, ebenso atmet es vom ersten Tag an die sozial-kulturelle Luft ein und wird erst dadurch zum vollen Menschen“[16]. Für ihn schien aber das, was man unter Sozialisation – er nennt es „Sozialisierung“ – verstand, nichts völlig Neues zu sein, sondern eine Sache, die man in der Pädagogik bereits unter den Begriffen „Gewährung“, „Umgang“, „Angleichung“ usw. kannte[17]. *A. Pressel* meint, daß „für *Brezinka* Sozialisation nur ein Anlaß war, alte Rezepte der Pädagogik neu zu begründen“[18].

„Mit der Einführung dieses Begriffes war zunächst nur ein Stichwort ohne inhaltliche Füllung gegeben“ *(Bittner)*[19]. *Helmut Fend* schrieb 1969 die erste systematisch-pädagogische Abhandlung zum Thema Sozialisation und versuchte, alle bisherigen grundlegenden Erkenntnisse auf diesem Gebiet in einen Zusammenhang zu bringen. Er unterscheidet dabei einen aktiven Aspekt der Sozialisation von einem passiven, indem er von „Sozialmachung“ und „Sozialwerdung“ *(Fend)*[20] spricht. Daraus entwickelte er die Begriffe „Enkulturation“, „Sozialisierung“ und „Erziehung“. Unter Enkulturation versteht er „die allgemeine Bedeutung von Lernen der Kultur, Lernen von Kulturmustern, Lernen des Werte- und Normensystems, Lernen der kulturspezifischen Technologien, der Sprache, der Fertigkeiten, des kulturspezifischen Denkens, der kulturspezifischen Gefühlswelt usw.“[21] „Enkulturationsprozesse sind jedoch von Reifungsprozessen abhängig; sie können nicht vor sich gehen, wenn die entsprechenden reifungsbedingten organischen Faktoren fehlen“[22]. Mit Sozialisierung bezeichnet er „das Lernen einer besonderen Klasse kultureller Inhalte: das Lernen der moralischen Ordnung einer Gesellschaft“[23]. Unter Erziehung sind bei ihm alle Maßnahmen, sowohl formelle als auch informelle, zu verstehen, „die Erwachsene in Interaktion mit Heranwachsenden ergreifen, um Lernvorgänge hervorzurufen, die zu wünschenswerten Ergebnissen führen“[24].

Mit der Darstellung auf S. 47 soll der Zusammenhang verdeutlicht werden.

b) Interaktionistisches Rollenmodell/Identitätsfindung

Bei den bisher gezeigten Ansätzen stand mehr die Frage im Mittelpunkt: Wie paßt sich das Individuum möglichst reibungslos in das *soziale System* ein. Die Frage nach dem Individuum selbst wurde kaum gestellt. Erst *Habermas*[25], *Krappmann*[26] und *Oevermann*[27] nehmen die Frage nach der persönlichen Individualität, nach der Identität und Einmaligkeit des Menschen auf.

Nach *Habermas* läßt das Rollenkonzept drei Dimensionen unberücksichtigt, in denen das Verhältnis des handelnden Subjekts zu seinen Rollen gefaßt werden kann: das Integrationstheorem, das Identitätstheorem und das Konformitätstheorem. „Diese drei Grundannahmen der Rollentheorie vernachlässigen drei Dimensionen möglicher Freiheitsgrade des Handelns. Das Integrationstheorem schließt aus, daß wir eine stabil eingespielte Interaktion nach Gra-

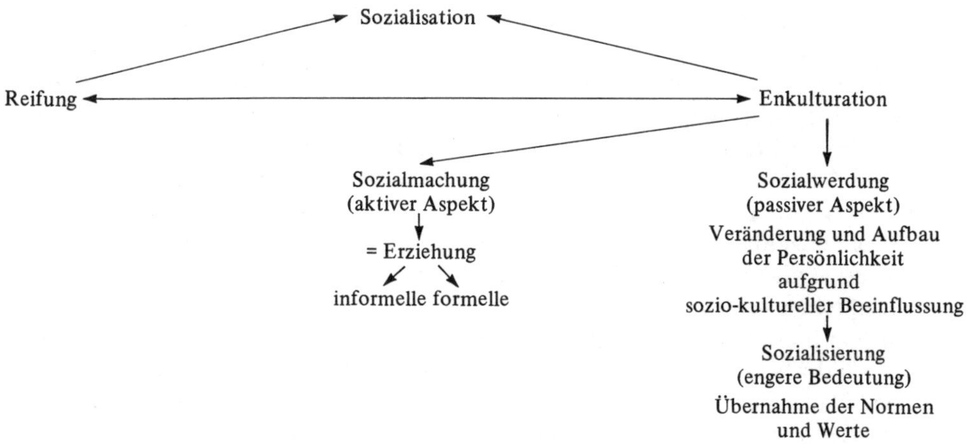

den der Repressivität bewerten. Das Identitätstheorem schließt eine Differenzierung nach Graden der Regidität der Rollendefinition und des entsprechenden Interpretationsspielraums aus.
Das Konformitätstheorem schließt eine Unterscheidung nach Graden der Autonomie des Handelns aus. Alle drei Theoreme unterstellen, durch Vorentscheidungen auf der analytischen Ebene, einen Normalfall eingespielter Interaktionen, der in Wahrheit ein pathologischer Grenzfall ist: nämlich volle Komplementarität der Erwartungen und des Verhaltens, die nur um den Preis der Unterdrückung von Konflikten zu erzwingen ist; ferner die Dekkung von Definitionen der Rolle und Interpretationen der Handelnden, die nur um den Preis des Verzichts auf Individuierung zu erreichen ist und schließlich die Abbildung der Rolle als Norm auf der motivationalen Ebene verinnerlichter Rolle, die nur um den Preis einer zwanghaft automatischen Verhaltenskontrolle zu verwirklichen ist" *(Habermas)*[28].

Es setzt eine neue Betrachtungsweise der Sozialisation ein; dabei versucht man bisherige Erkenntnisse der Rollentheorie mit den Erkenntnissen des symbolischen Interaktionismus in Verbindung zu bringen. Man spricht nun vom *interaktionistischen* Rollenmodell. Dabei werden folgende Punkte als Grundbedingungen aufgestellt, nämlich daß
„1. Rollennormen nicht rigide definiert sind, sondern einen gewissen Spielraum für subjektive Interpretation durch die Rollenpartner lassen; daß
2. die Rollenpartner im jeweiligen Interaktionsprozeß nicht nur die gerade aktuelle Rolle übernehmen, sondern zugleich verdeutlichen, welche weiteren Rollen sie noch innehaben, oder früher innehatten; daß
3. mehr als ein vorläufiger, tentativer und kompromißhafter Konsens der Partner über die Interpretation ihrer Rollen im Regelfall nicht zu erreichen und auch nicht erforderlich ist.
4. Dies Modell geht ferner gerade davon aus, daß die individuellen Bedürfnisdispositionen den institutionalisierten Wertvorstellungen nicht voll entsprechen. Somit müssen nach diesem Modell
5. die Rollenpartner für die Sicherung des Fortgangs von Interaktion fähig sein, auf die von den eigenen verschiedenen Bedürfnisdispositionen des anderen einzugehen und auch unter Bedingungen unvollständiger Komplementarität, d.h. nur teilweiser Befriedigung eigener Bedürfnisse, zu interagieren.

6. Nicht Institutionen, deren Mitglieder Normen „automatisch" erfüllen, werden als stabil betrachtet, sondern diejenigen, die ihren Mitgliedern ermöglichen, im Rahmen des Interpretationsspielraums, den die vorgegebenen Normen lassen, eigene Bedürfnisse in der Interaktion zu befriedigen" *(Krappmann)*[29].

Nach *Goffman* vollzieht sich die Interaktion in zwei Dimensionen:

a) in einer Zeitdimension; dabei werden alle Geschehnisse eines Individuums zu einer *„personal identity"* zusammengefaßt, und

b) in einer horizontalen Dimension; dabei werden die zu einem bestimmten Zeitpunkt nebeneinander aktualisierbaren Rollen zu einer *„social identity"* vereinigt.

Beide Identitäten werden dem Individuum von anderen zugeschrieben. Die *personal identity* verlangt vom Individuum, in der Interaktion seine Einmaligkeit zu zeigen, und bei der *social identity* soll das Individuum so handeln, als ob es die vorgegebenen Normen voll übernommen habe. Man kann hier auch die Unterscheidung *Mitscherlichs*[30] heranziehen, der von einem „sozialen Ich" und einem „persönlichen Ich" spricht, nämlich zu sein wie jeder andere und zu sein wie kein anderer.

Diese beiden Ich stehen im Widerstreit zueinander. Dabei gilt es, seine Ich-Identität zu wahren. *Krappmann:* „Zwischen Ihnen zu balancieren, ist die Leistung des Individuums, die als Ich-Identität bezeichnet werden soll. Eine gelungene Identitätsbalance bewirkt, daß das Individuum einerseits trotz der ihm angesonnenen Einzigartigkeit sich nicht durch Isolierung aus der Kommunikation und Interaktion mit anderen ausschließen läßt und andererseits sich nicht unter die für es bereitgehaltenen sozialen Erwartungen in einer Weise subsumieren läßt, die ihm unmöglich macht, seine eigenen Bedürfnisdispositionen in die Interaktion einzubringen. Das Individuum verhält sich daher einerseits, ‚als ob' es einzigartig und andererseits, ‚als ob' es wie alle anderen wäre"[31].

Habermas: „Ich-Identität kann als die Balance zwischen der Aufrechterhaltung beider Identitäten, der persönlichen und der sozialen, aufgefaßt werden"[32].

Für das Gelingen einer solchen Identitäts-Balance sind in der Interaktion bestimmte Voraussetzungen notwendig. *Mollenhauer*[33] stellt dazu folgende Thesen auf:

„Eine balancierende Identität wird für das Individuum um so wahrscheinlicher sein, je deutlicher in der Interaktion

– die Partner an der Definition der Situation aktiv beteiligt werden;

– situationsbezogene flexible Beziehungsdefinitionen möglich sind;

– Rollendistanz gewahrt werden kann, d.h. für Verhaltenserwartungen Interpretationsspielräume offen bleiben;

– Ambiguitätstoleranz ausgedrückt wird, d.h. differierende Erwartungen und die Differenz zwischen Erwartungen und eigenen Bedürfnissen ertragen werden;

– Empathie realisiert wird, d.h. die Erwartungen und Beziehungsdefinitionen der Interaktionspartner wechselseitig antizipiert und zur Bestimmung des eigenen Verhaltens verwendet werden;

– ‚Aushandeln von Identität' *(identity bargaining)* möglich ist, d.h. nicht an einer bestimmten Form von Selbst-Präsentation unbedingt festgehalten wird, sondern situations- und partnerbezogene Modifikation stattfinden kann;

– die Komponenten und Prozesse der Interaktion symbolisch, d.h. in Sprache, ausdrückbar und kommunizierbar, damit auch problematisierbar und revidierbar werden".

Die gleichen inhaltlichen Forderungen dieser Thesen werden bei *Rauch/Anzinger*[34] in identitätsfördernden Fähigkeiten beschrieben:

– „Rollendistanz; die Fähigkeit, sich verinnerlichten Normen gegenüber flexibel, reflektierend und distanzierend zu verhalten,
– Ambiguitätstoleranz, d.h. die Fähigkeit, Rollenambivalenzen bewußt zu ertragen, Konflikte durchzustehen,
– Empathie, d.h. die Fähigkeit, die Erwartungen des Partners im Rollenhandel innerlich vorwegzunehmen, sowie
– die Fähigkeit, sich im Medium gemeinsamer Sprache angemessen selbst darzustellen".
Ein solcher Ansatz der Sozialisation verlangt vom Individuum keine starre Übernahme von Normen, sondern gibt ihm die Möglichkeit – ja fordert geradezu heraus – , aktiv, kreativ und kritisch zu sein. Weiter ergibt sich eine neue Sichtweise im Verhältnis Jugend – Alter: nicht nur das Kind muß in die Gesellschaft hineingeführt werden (sozialisiert werden), sondern Jugend und Alter stehen gemeinsam in einem Sozialisationsprozeß. „Das Sozialisationskonzept des Interaktionismus bietet auf diese Weise der erziehungswissenschaftlichen Reflexion eine Basis, um sowohl vom Funktionalistischen als auch vom dysfunktionalistischen Ansatz ausgehend eine Theorie der Sozialisation und der Erziehung im Sinne der Emanzipation *(Mollenhauer)* zu erarbeiten" *(Wirth)*[35].

II. EMANZIPATION

Wohl kaum hat ein Begriff in den letzten Jahren so schnell Einzug gehalten in die Erziehungswissenschaft wie der Begriff der Emanzipation. In dem 1964 erschienenen Fischer-Lexikon „Pädagogik" findet man das Stichwort „Emanzipation" noch nicht (auch nicht in der Neuausgabe von 1973). Auch in dem 1970 von *Horney* u.a. herausgegebenen Pädagogischen Lexikon sucht man vergeblich nach dem Stichwort „Emanzipation". Die Hauptdiskussion über Emanzipation begann in der Erziehungswissenschaft in den Jahren 1968/70. Zwar war der Begriff Emanzipation durch die Wörter „Selbstbestimmung", „Mündigkeit" usw. in einer liberalaufklärerischen Konzeption – ausgehend von *Kant* – inhaltlich in einer ganz bestimmten Richtung angedeutet; doch entscheidend für den Durchbruch zur Diskussion waren zunächst im Jahre 1968 das Buch *Mollenhauer*s „Erziehung und Emanzipation"[1], das Buch von *Habermas* „Erkenntnis und Interesse"[2] und 1970 das Funkkolleg Erziehungswissenschaft, das in drei Büchern erschienen ist[3].

1. Klärung des Begriffes

Was bedeutet nun Emanzipation?
Das Grundwort kommt aus dem Lateinischen; *emancipatio*[4] bedeutet „die Entlassung aus der väterlichen Gewalt"; das dazugehörige Verb *emancipare*[5] „den Sohn aus der väterlichen Gewalt entlassen; ihn für selbständig erklären".
Emanzipation taucht wieder in der Französischen Revolution auf *(Kluge*[6]*/Giesecke*[7]*)* und zieht sich als politisches Kampfwort durch die weitere Sozialgeschichte (Befreiung der Negersklaven, Emanzipation der Juden und Frauen): Unterprivilegierte wollen die Gesellschaft verändern, um gleiche Rechte zu bekommen. „Das Endziel dieser in der Französischen Revolution begründeten Idee der Emanzipation ist ein gesellschaftlicher Zustand, in dem alle Mitglieder derselben Gesellschaft in gleichem Maße voneinander abhängig und unabhängig sind" *(Giesecke)*[8]. Immer wenn von „Emanzipation" gesprochen wird, geht es um Aufhebung menschlicher Fremdbestimmung.
Bestehende einseitige soziale Abhängigkeitsverhältnisse, Benachteiligungen, Ungerechtigkeiten sollen abgebaut, nach Möglichkeit ganz beseitigt werden. „Emanzipation meint also eine spezifische Veränderung gesellschaftlicher Beziehungen" *(Lempert)*[9]. Da mit der Befreiung von Abhängigkeiten durch Erkämpfung neuer Rechte immer alte Ordnungen aufgehoben werden mußten, bekam der Emanzipationsbegriff den negativen Beigeschmack des Zerstörerischen.

2. Marxsche Auffassung von Emanzipation

Die Ursache der Entstehung solcher Fremdbestimmung sehen *Marx* und *Engels* in dem Grundwiderspruch von Kapital und Arbeit. Es gibt eine Klasse, die besitzt, und eine Klasse – die Proletarier – die nichts besitzt als ihre Arbeitskraft und somit von den Besitzenden abhängig ist. „Die Aufhebung des Privateigentums ist daher die vollständige Emanzipation aller menschlichen Sinne und Eigenschaften"[10].

Der Hauptgegner einer Emanzipation ist also diejenige Klasse, die über Produktionsmittel verfügt. *Marx* führt weiter aus, daß Emanzipation die „positive Aufhebung des Privateigentums als menschliche Selbstentfremdung, und darum als wirkliche Aneignung des menschlichen Wesens durch und für den Menschen“[11] sei. Diese hier angesprochene Entfremdung ist aus dem marxschen Anthropologieverständnis zu erklären: „Der Mensch ist ein Naturwesen. Er verändert die Natur zum Zwecke der Reproduktion des Menschen durch die Arbeit. In der Arbeit konstituiert er sich als gesellschaftliches Wesen, durch die Arbeit erfährt er auch das Phänomen Entfremdung. Zur Gesellschaft befindet er sich in einem dialektischen Verhältnis gegenseitiger Bestimmungen. Einerseits ist der Mensch Produkt der jeweiligen Gesellschaft; ihre Verhältnisse bedingen ihn. Andererseits ist er durch die Arbeit Hersteller dieser Verhältnisse und hat die Möglichkeit, durch revolutionäre Praxis Gesellschaft zu verändern, d.h. die Entfremdung, die sich durch Ausbeutung, gesellschaftliche Herrschaft, psychische Zwänge zeigt, aufzuheben. Die Aufhebung dieser Entfremdung, also die Befreiung von diesen Zwängen nennen wir Emanzipation“[12].
In diesem Sinne ist Emanzipation ein politischer Begriff, der auf gesellschaftliche Veränderung abzielt, um einseitige Abhängigkeiten und Unterprivilegierung abzuschaffen.
„Pädagogisch relevant wird dieser Begriff erst in dem Augenblick, wo man davon ausgeht, daß diesen politischen Befreiungsaktionen bestimmte Lernleistungen entsprechen müssen bzw. wo die gesellschaftlichen Lernziele überhaupt so definiert werden, daß eine zielgerichtete Veränderung der Gesellschaft im Sinne zunehmender Demokratisierung intendiert ist“ *(Giesecke)*[13].

3. Neuere pädagogische Diskussion des Begriffes Emanzipation

Die Ende der 60er Jahre einsetzende Diskussion um die Emanzipation fußt hauptsächlich auf dem marxistischen Gedankengut. Hierbei ist aber eine mehr „sozialistische“ Richtung *(Marcuse, Gamm, Heydorn, Oelschlägel, Negt, Rolff, Gottschalch)* und eine mehr „linksliberal-emanzipatorische“ Richtung *(Habermas, Adorno, Blankertz, Giesecke, Hentig, Klafki, Mollenhauer, Lempert, Stimpel)* zu unterscheiden[14]. Dabei stützt sich die „sozialistische“ Richtung klar auf *Marx* und *Hegel*, während die „linksliberal-emanzipatorische“ Richtung mehr unter dem Einfluß des Emanzipationsverständnisses von *Habermas* steht, der die von *Max Horkheimer* geprägte „Kritische Theorie“ weiterentwickelte.

a) linksliberal-emanzipatorische Auffassung
Um die Auffassung dieser „linksliberal-emanzipatorischen“ Richtung zu verdeutlichen, seien hier die Erläuterungen von *Mollenhauer, Giesecke* und *Lempert* über Emanzipation stellvertretend aufgeführt.
Mollenhauer schrieb 1968[15]: „Das Bemühen geht dabei immer darauf, das Emanzipationsproblem in dem sich an Rationalität bindenden Bewußtsein zu lokalisieren und auf die empirischen, das heißt aber im wesentlichen gesellschaftlichen Bedingungen wenigstens hinzuweisen, sofern sie solches Bewußtsein verhindern oder einschränken“.
In diesem Sinne fährt er weiter[16]: „Emanzipation heißt die Befreiung des Subjekts aus Bedingungen, die seine Rationalität und das mit ihr verbundene Handeln beschränken“. Da solche Beschränkungen im wesentlichen gesellschaftlich bedingt sind, fordert er, „in der heranwachsenden Generation das Potential gesellschaftlicher Veränderung hervorzubringen“[17].

Giesecke greift zunächst das Problem Emanzipation und Anpassung auf. Für ihn ist Lernen „der Oberbegriff aller pädagogischen Bemühungen. Es ist die produktive und auf Förderung angewiesene Fähigkeit des Menschen, Vorstellungen, Gewohnheiten, Einstellungen und Fähigkeiten aufzubauen bzw. zu verändern. Dieses Lernen ist zunächst eine Form der Anpassung an die jeweils vorhandenen gesellschaftlichen Verhältnisse, Normen, kulturellen und sozialen Ansprüche. Aber nur das Lernen selbst wiederum kann auf die Dauer von dieser Abhängigkeit Stück für Stück emanzipieren“[18]. „Unter Emanzipation wird hier nicht nur der Prozeß der Ablösung aus der Abhängigkeit pädagogischer Zwänge (z.B. Familie) verstanden, sondern aus allen gesellschaftlich verursachten Abhängigkeiten, sofern – und dies ist die einzige, aber entscheidende pädagogische Einschränkung – diese Abhängigkeiten subjektiv als „Übel“ erlebt werden bzw. erlebbar gemacht werden können und daraus Motivierungen für die pädagogische und politische Bearbeitung dieses Übels entstehen können“[19].
Lempert führt zum Emanzipationsbegriff aus: „Emanzipation bedeutet negativ die Verringerung von Abhängigkeiten, unter denen Menschen leiden, positiv die Erweiterung unserer objektiven Chancen und subjektiven Fähigkeiten zur Bedürfnisbefriedigung und – weil Bedürfnisse nur als artikulierende handlungsrelevant werden – zur Bedürfnisartikulation“[20]. „Das emanzipatorische Interesse ist das Interesse des Menschen an der Erweiterung und Erhaltung der Verfügung über sich selbst. Es zielt auf die Aufhebung und Abwehr irrationaler Herrschaft, auf die Befreiung von Zwängen aller Art. Zwingend wirkt nicht nur materielle Gewalt, sondern auch die Befangenheit in Vorurteilen und Ideologien. Diese Befangenheit läßt sich, wenn nicht völlig lösen, so doch vermindern, durch die Analyse ihrer Genese, durch Kritik und Selbstreflexion“[21].
In diesen Auffassungen ist ganz deutlich die Tendenz zu spüren, daß sich die Erziehungswissenschaft aus einer Individualwissenschaft zu einer Gesellschaftswissenschaft entwickelt. Die Gesellschaft muß verändert werden, wenn Emanzipation erreicht werden soll. Dabei wird Erziehungswissenschaft als eine „Kritische Theorie“ verstanden. Der Begriff Emanzipation „wird nämlich nicht allein auf den je einzelnen zu erziehenden jungen Menschen bezogen, sondern zugleich auf die Gesellschaft und letztlich auf die Menschheit als ganze. Die konsequente Reflexion auf die Möglichkeit, dem einzelnen wirklich zur Selbstbestimmung, zur Emanzipation, zum Recht auf individuelles Glück zu verhelfen, führt die kritische Theorie zu der Einsicht, daß diese Möglichkeit nur in einer entsprechend strukturierten Gesellschaft gegeben ist. Erziehungswissenschaft im Sinn kritischer Theorie muß daher notwendigerweise zur permanenten Gesellschaftskritik werden“ *(Klafki)*[22]. Festzuhalten ist, daß die Emanzipation des *Individuums* nicht außer acht gelassen wird; sie ist möglich in einer sich ändernden Gesellschaft.

b) sozialistische Auffassung

Diese Meinung von Emanzipation stößt natürlich auf Widerstand, ja sogar auf Ablehnung von seiten der sozialistisch geprägten Auffassung. *Oelschlägel*[23] bezeichnet die oben skizzierte Emanzipation als eine halbierte Emanzipation. „Sie geht davon aus, daß Emanzipation eine Sache wesentlich des Bewußtseins wäre. Dahinter steht das Bild des Individuums, das ungeachtet der gesellschaftlichen Ausbeutung sich frei zu fühlen einredet, weil es an Gedankenfreiheit glaubt. Die gesellschaftlich bedingten Grenzen von Pädagogik werden nicht gesehen. Das ist um so bedauerlicher, weil hier mit der Aufnahme des emanzipatorischen Erkenntnisinteresses der herkömmlichen bürgerlichen Pädagogik ein Weg aus ihrer Sackgasse gezeigt werden könnte, der nun bei Mollenhauer u.a. wieder in der Sackgasse endet“. Weiter

führt er aus: „Erst Marx und Engels brachten die Emanzipationsfrage auf ihren wahren Begriff, indem sie Emanzipation als gesellschaftlichen Prozeß auf einer bestimmten Produktionsstufe und als gesellschaftliches Ziel sahen. Nur die von der Entfremdung betroffene, die besitzlose Klasse des Proletariats kann die Umwälzung der die Entfremdung bedingenden Besitzverhältnisse herbeiführen. Damit muß eine Wissenschaft, muß die Pädagogik, wenn sie sich emanzipatorisch nennt, Partei ergreifen für das Proletariat. Emanzipatorische Wissenschaft ist parteiliche Wissenschaft. Eine Pädagogik, die auf dem von uns beschriebenen Emanzipationsbegriff fußt, hätte nicht das gesellschaftlich unabhängige Individuum im Auge, sondern würde auf jeder Stufe ihrer wissenschaftlichen und didaktischen Reflexion mit dem gesellschaftlichen Klassenantagonismus parteilich konfrontiert. Eine solche Pädagogik setzt eine „Klassentheorie von Erziehung" (Negt) voraus, eine parteiliche Auswahl der Bildungsinhalte, eine genaue Untersuchung über die objektiven und subjektiven Lebensbedingungen der Adressaten und der Mechanismen, die Klassenunterschiede hindern und fördern. Eine solche emanzipatorische Pädagogik muß in der BRD neu entwickelt werden, wobei sie sich an den Traditionen proletarischer Erziehung zu orientieren hätte".
Ganz deutlich kommt der klassenkämpferische Charakter der Emanzipation bei *Gamm* zum Vorschein, indem er sich in seinem Buch „Kritische Schule" mit Reformvorschlägen und der Chancengleichheit auseinandersetzt: „Es muß daher zunächst überlegt werden, ob es sozial vertretbar ist, intellektuell auffallend begabte Kinder der Unterschicht auf Mittelklassenniveau zu heben. Denn dieses Verfahren dient offenkundig der Unterstützung des bestehenden sozio-ökonomischen Systems, genauer: es fundiert den Kapitalismus. Das pädagogisch-strategische Schema müßte darum genau umgekehrt sein. Die Arbeiterkinder benötigen nicht den individuellen Aufstieg, sondern die kritische Schule schuldet ihnen Lehrgänge, in denen sie die Lage ihrer Klasse zu sehen lernen. Sie brauchen spezielle Informationen über die Verfahren des Kapitalismus, sie brauchen vor allem Klassenbewußtsein. Die kritische Schule kann es nicht zulassen, daß man sie mit Pfennigen ködert, wo sie als Klasse der Werktätigen das Volksvermögen zu beanspruchen hätten"[24].

Alfred Pressel hat in elf Thesen das gesamte Anliegen einer sozialistisch geprägten emanzipatorischen Erziehung zusammengefaßt[25]:
„1. Emanzipatorische Erziehung ist kein pädagogischer Grundbegriff, sondern die sozialwissenschaftlich fundierte Theorie und Praxis des politischen Kampfes. Sie steht auf der Seite der Unterdrückten.
2. Dieser Kampf beginnt mit der Bildung von Freiräumen in gesellschaftlich relevanten Institutionen. Emanzipatorische Erziehung muß von ihr gewonnene Freiräume politisch nutzen, jedoch nicht in ihnen verharren oder sich auf sie abdrängen lassen. Sie muß die kompensatorische Funktion des demonstrativen Nonkonformismus durchbrechen, um gesellschaftsverändernd und nicht stabilisierend zu wirken.
3. Freiräume emanzipatorischer Erziehung können in dieser Gesellschaft primär in den Bildungsinstitutionen geschaffen werden. Während die Universität vorläufig nur eine Basis für die ohnehin Privilegierten bieten kann, ist die Gesamtschule die zentrale Basis emanzipatorischer Erziehung.
4. In den geschaffenen repressionsarmen Freiräumen (in Schulen, politischen Klubs usw.) kann die Vorbereitung auf den Kampf gegen die autoritäre Leistungsgesellschaft durch emanzipatorische Erziehung geschehen. Das bedeutet die Entwicklung von Ich-Stärke und kritischem Bewußtsein der am Lernprozeß Beteiligten sowie theoretische Fundierung und politisches Lernen des emanzipatorischen Kampfes.

5. Emanzipatorische Erziehung muß von der konkreten gesellschaftlichen Erfahrung der Lernenden (also auch der Lehrer) ausgehen, die sich vor allem als beschränkte Spracherfahrung, Sexualerfahrung und ästhetische Erfahrung manifestiert.
6. Politisches Lernen wird daher besonders wirksam im Bereich der Spracherziehung, Sexualerziehung, ästhetischen Erziehung. Politisches Lernen in diesem Sinne muß sich zugleich als politisches Handeln artikulieren.
7. Emanzipatorische Erziehung muß in den von ihr geschaffenen Freiräumen die Erfahrung besserer Möglichkeiten des Zusammenlebens vermitteln. Das bedeutet:
a) die Erfahrung ‚herrschaftsfreier sprachlicher und visueller Kommunikation aller mit allen‘;
b) die Ermöglichung libidinöser Gruppenerfahrung im ‚Erlernen der Liebe‘;
c) die Abschaffung des autoritären Tausch- und Konkurrenzprinzips im Erziehungsprozeß (Zensuren usw.) als Voraussetzung der Erfahrung solidarischen Handelns;
d) die Aufhebung nichtlegitimierter und irrationaler Herrschaft und Autorität im Erziehungsprozeß.
8. Soweit sich emanzipatorische Erziehung im partikularen Bereich der Erziehungsinstitutionen vollzieht, ist sie der Dialektik zwischen partikularen Bereichen und Gesamtbereich unterworfen. Veränderungen im Ausbildungssektor – auch seine Demokratisierung – sind partikulare Veränderungen.
9. Kollektive Emanzipation vollzieht sich nicht in ‚pädagogischen Provinzen‘ – auch nicht in antiautoritären –, sondern in zentralen Institutionen der Gesellschaft, wie denen der Produktions- und Verwaltungssphäre.
Kollektive Emanzipation kann nur dann wirksam werden, wenn die autoritäre Herrschaftsstruktur dieser Institutionen demokratisiert und die von ihnen produzierte autoritäre Charakterstruktur emanzipatorisch aufgebrochen wird. Emanzipatorische Erziehung kann auf diese Prozesse vorbereiten.
10. Erst in der solidarischen politischen Aktion selbstbewußter Subjekte, – die den ideologischen Schleier des bestehenden Repressions- und Manipulationssystems durchbrochen haben, kann sich die Umwälzung der autoritären Leistungsgesellschaft realisieren. Emanzipatorische Erziehung geht dann in allgemeine politische Praxis über, ist nicht mehr subversives Bildungsprinzip, sondern Erziehung zum Sozialismus, als Aufhebung der Ausbeutung des Menschen durch den Menschen, als Konkretisierung einer kritischen Gesellschaftstheorie.
11. Die ‚Pädagogen‘ haben die Pädagogik nur verschieden interpretiert, es kommt darauf an, sie abzuschaffen.“

c) Anmerkungen zu beiden Ansätzen

Obwohl sich alle aufgeführten Auffassungen – die „sozialistische“ und die „linksliberal-emanzipatorische“ – unter dem Begriff „Kritische Theorie“ vereinen, dürfte doch eine grundsätzliche Trennung angebracht sein, da die einen die notwendigen gesellschaftlichen Veränderungen nur durch Revolution als erreichbar ansehen, die anderen jedoch an Evolution glauben. Es zeigt sich hier deutlich, daß der Begriff „Emanzipation“ an sich noch kein klar definiertes Ziel oder Konzept darstellt; auseinandersetzen mit der Emanzipation kann man sich erst, wenn man weiß, was der einzelne unter Emanzipation versteht.

4. Antiautoritäre Erziehung

Eng verbunden mit der Emanzipation ist der Begriff der Autorität. Jede gewollte oder ungewollte Abhängigkeit stellt das Individuum in ein Autoritätsverhältnis, ungeachtet dessen, ob man die betreffende Autorität innerlich anerkennt oder nicht. So könnte man Emanzipation auch mit Abbau von Autoritätsabhängigkeiten gleichsetzen. Eine Art und Weise, wie dieser Abbau geschehen könnte, hat sich niedergeschlagen in dem Begriff „antiautoritäre Erziehung".

Wir unterscheiden dabei zwei grundsätzlich verschiedene Richtungen. Die eine läßt sich nur von der Pädagogik leiten; sie hat ihren Ursprung in *J. J. Rousseau*, geht über *Ellen Key* bis zu *A. S. Neill*. Die andere Richtung ist eine politische; sie nimmt ihren Anfang bei den utopischen Sozialisten und *Karl Marx*, bezieht die Psychoanalyse von *Sigmund Freud* mit ein und findet ihren Niederschlag in den „Kinderläden". Dabei ist festzuhalten, daß auch die erste Richtung *Sigmund Freud* mit einbezieht und daß nicht jede sozialistische Richtung, wie z.B. der Leninismus, das Verständnis von antiautoritärer Erziehung der zweiten Richtung teilt.

Kron[26] spricht hier von zwei Polen, zwischen denen sich alle Auffassungen antiautoritärer Erziehung ansiedeln lassen. Der eine Pol ist die mehr „revolutionär-antiautoritäre Erziehung", die als Ziel die Revolution der bürgerlich-bestehenden Ordnung hat, und der andere Pol ist eine mehr „privat-emanzipierend-antiautoritäre Erziehung", die eine Selbstverwirklichung in einer sozialen und pluralistischen Demokratie ermöglichen soll. Bei allen weiteren Auffassungen läßt sich ziemlich klar erkennen, zu welchem der beiden Pole sie mehr neigen. Synonym mit „antiautoritärer Erziehung" werden auf der einen Seite Begriffe gebraucht wie „antikapitalistische Erziehung", „revolutionäre Erziehung", „sozialistische Erziehung", „Aufruf zum Widerstand", „Erziehung zum Ungehorsam", „herrschaftsfreie Erziehung" „in einem politischen Sinn" – wie *Kron* schreibt[27] – „mit der mehr oder weniger eindeutigen Absicht der Verunsicherung bestehender Ordnungen und Institutionen der derzeitigen Gesellschaft, ihrer Repräsentanten und Funktionsträger bis hin zur Absicht, dieselben in anarchische Zustände mit dem Ziel ihrer radikalen Veränderung zu überführen, um neue, sozialistische Ordnungen und Organisationsformen aufzubauen".

Auf der anderen Seite finden wir Begriffe wie „repressionsfreie Erziehung", „autoritätsarme Erziehung", „angstfreie Erziehung", „freiheitliche Erziehung", die „einerseits der Emanzipation des einzelnen von gesellschaftlich bedingten Zwängen und dem Abbau individuell bedingter Zwänge und andererseits der aktiven Beteiligung an der Herstellung nicht-repressiver Erziehungs- und Lebensformen dienen"[28].

Es ist festzuhalten, daß die einen mehr das sich zu emanzipierende Individuum im Auge haben, die anderen – oft unter Negierung jeglicher Autorität – klassenkämpferische Ziele verfolgen, wobei ihre Methoden und Mittel besonders zu beachten sind. „Von einer global gefaßten politischen Zwecksetzung her lassen sich alle Mittel und Methoden rechtfertigen bis hin zum Einsatz von Kindern bei Demonstrationen und kämpferischen Einzelmaßnahmen, wie z.B. das Anpöbeln von Polizisten. In diesen Fällen wird die erzieherisch relevante Zweck-Mittel-Relation in erster Linie an der politisch-ideologischen Zwecksetzung orientiert und allenfalls nur in einem sehr engen, nämlich psychoanalytischen Sinn reflektiert. Nicht beachtet werden dabei die individualpsychologischen und sozialpsychologischen Abläufe und Folgen, die entstehen, wenn Kinder solchen Sozialisationsfaktoren und erzieherischen Beeinflussungen ausgesetzt werden"[29].

Kuckartz brachte die Ziele der letztgenannten Richtung auf folgende drei Punkte[30]:
1. Abschaffung der bürgerlichen Kleinfamilie
2. Abschaffung der repressiven Sexualmoral
3. Aufruf zum Klassenkampf.

5. Eigener Ansatz

Emanzipation soll hier verstanden werden als ein Ziel und ein Prozeß der Loslösung von größtmöglicher Abhängigkeit und Erweiterung der Möglichkeiten zur Selbstverwirklichung und Mitbestimmung, um in einer gegenüber der Gesellschaft und gegenüber sich selbst verantwortbaren Freiheit leben zu können.
Dies soll durch eine antiautoritär-autoritative Erziehung auf dem Boden eines interaktionistischen Sozialisationsverständnisses ermöglicht werden.
Was bedeutet Loslösen von größtmöglicher Abhängigkeit? Hier sind ungewollte Abhängigkeiten auf gesellschaftlichen, wirtschaftlichen, kirchlichen, weltanschaulichen und persönlichen Gebieten gemeint. Das Wort „größtmöglich" bedeutet einerseits, sich von so vielen Autoritäten zu lösen, wie es nur möglich ist, da jede vorhandene Autorität ein Abhängigkeitsverhältnis darstellt; andererseits wird dadurch angedeutet, daß man sich nicht von allen Abhängigkeiten loslösen kann; bei denen, die noch bestehen bleiben, muß der Versuch unternommen werden, die Intensität der Abhängigkeit zu reduzieren.
So sind dem Menschen durch die Natur Grenzen gesetzt, von denen wir uns nicht loslösen können; aber durch ihre Anerkennung, ihre Bejahung hat der Mensch die Möglichkeit, sich intensiv mit ihnen auseinanderzusetzen und dadurch etwas von ihrem Belastenden zu nehmen. „Ohne Anerkennung der Grenzen, die für den Menschen konstitutiv sind, verfehlt der Mensch sich selbst" *(Gräßle)*[31]. Schon *Engels* erkennt, daß es ohne Anerkennung von gewissen Autoritäten nicht geht; er stellt fest, „daß einerseits eine gewisse, ganz gleich auf welche Art, übertragene Autorität und andererseits eine gewisse Unterordnung Dinge sind, die sich uns aufzwingen, unabhängig von aller sozialen Organisation, zusammen mit den materiellen Bedingungen unter denen wir produzieren und die Produkte zirkulieren lassen"[32]. Ebenso sind, wenn ein Staat überhaupt existieren will, die Anerkennung von „Auftragsautoritäten" notwendig, verstanden als „auszuwechselnde und prozedurmäßig ausdrücklich festgesetzte Beauftragung von seiten der nachfolgenden und weisungsdurchführenden Gruppen" *(Strzelewicz)*[33]. Weiter wird ein religiöser Mensch Gott als seine letzte Autorität anerkennen, wobei nur Gott *das* Emanzipierte an sich sein kann: Nur er ist der total Unabhängige.

Bei der Selbstverwirklichung spielt die Möglichkeit der Befriedigung der Bedürfnisse eine wesentliche Rolle. Dabei darf der Mensch nicht nur die Möglichkeit haben, sich seiner Bedürfnisse bewußt zu werden und sie zu befriedigen, sondern er muß sie auch sprachlich artikulieren können. Deshalb meint Emanzipation auch „Verringerung von Beschränkungen für die Artikulation und Befriedigung menschlicher Bedürfnisse" *(Lempert)*[34]. Hier wird aber nicht einem schrankenlosen Ausleben der Bedürfnisse das Wort geredet. Ein volles Ausleben der Bedürfnisse könnte zwar im psychoanalytischen Sinne dem Individuum gerecht werden, wäre aber sicherlich nicht in allen Bereichen gegenüber der Gesellschaft verantwortbar, da die persönliche Freiheit des Mitmenschen betroffen werden könnte. Damit sind der Selbstverwirklichung des Menschen Grenzen gesetzt. Jedes Streben nach Selbstverwirklichung muß geprüft werden, ob es noch gegenüber den Mitmenschen verantwortbar ist.

Dieser Satz könnte – wenn man ihn isoliert betrachtet – als „Bremse" jeglicher emanzipatorischer Bestrebung angesehen werden. Dem ist nicht so. Er soll nur darauf hinweisen, daß Emanzipation nicht verwechselt werden darf mit Egoismus, Rücksichtslosigkeit und Verantwortungslosigkeit gegenüber den Mitmenschen und der Gemeinschaft. Niemand soll gehindert werden, für das Individuum die Voraussetzungen zu schaffen für eine größtmögliche Bedürfnisbefriedigung, eine volle Mitbestimmung und eine uneingeschränkte Gleichberechtigung, wenn es die Sache gebietet.
Dieses Ziel könnte durch eine antiautoritär-autoritative Erziehung erreicht werden. Antiautoritäre Erziehung soll besagen, daß der Mensch erzogen werden soll, autoritäre Abhängigkeiten zu erkennen, bewußt gegen sie anzugehen und sich von ihnen zu befreien. Gemeint sind solche „Autoritäten", die sich stützen auf Vorrechte durch Geburt, Tradition, Rasse, Sendung, Partei, Alter, soziale Stellung usw., die „Herrschaftsautoritäten", Herrschaft verstanden als Struktur, „in der die Besetzung weisungsrelevanter Entscheidungspositionen durch einzelne Gruppen monopolisiert worden ist" *(Strzelewicz)*[35]. Das Wort „autoritative" wurde deshalb dazugefügt, um zu verdeutlichen, daß neben der Erziehung gegen autoritäre Strukturen auch die Erziehung zum Umgang mit notwendigen Autoritäten *bewußt* in den Erziehungsprozeß eingebaut werden soll. Dies war wohl das Hauptübel mancher bisherigen antiautoritären Erziehung, daß sie vor lauter „anti" vergessen hat, das Kind zu befähigen, wie es mit den nicht-wegzuräumenden Abhängigkeiten fertigwerden soll.
Diese antiautoritär-autoritative Erziehung muß ein interaktionistisches Sozialisationsverständnis voraussetzen, da dort „Partner" in Interaktion miteinander treten, die *beide* hierbei in einem Lernprozeß stehen. Dies darf nie in einem Abhängigkeitsdenken, sondern nur in voller Anerkennung des anderen geschehen. Hierbei bringt sich jeder mit seinen Stärken und Schwächen, mit seiner Eigentümlichkeit, also mit seiner Einmaligkeit in den Erziehungsprozeß ein. Daraus ergibt sich eine andere Sichtweise in bezug auf das Verhältnis von Erzieher–Zögling, Lehrer–Schüler, Professor–Student. Dabei wird das Anderssein zur Dynamik der Interaktion.

III. CURRICULUM

Jede Gesellschaft hat leitende Ideen für ihre Erziehung; man bezeichnet diese Ideen als Ziele. Es wird gewünscht, daß der gesamte Erziehungsprozeß in der Schule zu diesen Zielen hinführt.
Solche Ziele können nur über entsprechende Inhalte erreicht werden. So will jedes schulische Lehrfach mit seinen spezifischen Inhalten dazu beitragen, daß die Zielvorstellungen der Gesellschaft verwirklicht werden. Diese Inhalte finden ihren Niederschlag in den Lehrplänen.
Seit einigen Jahren existiert neben dem Begriff „Lehrplan" auch der Begriff „Curriculum". Handelt es sich hierbei nur um zwei verschiedene Bezeichnungen, oder stecken hinter den beiden verschiedenen Wörtern auch unterschiedliche Auffassungen?

1. Lehrplan – Curriculum

In einem Lehrplan werden alle jene Lehrstoffe zusammengefaßt, die an einer Bildungs- oder Ausbildungsinstitution zum Gegenstand der Lehre gemacht werden. Charakteristische Merkmale eines Lehrplanes in bezug auf Ziele, Entscheidungen, Lehrangebot, Lernprozesse, Materialien, Methoden und Kontrolle sind:

„1. Bildungsziele/ Leitideen	– beruhen auf Setzungen – werden durch wertende Wahl ermittelt
2. Unterrichtsziele	– sind in Form von Stoffangabe formuliert – treten als erwünschte Produkte in Erscheinung
3. Entscheidungen	– beruhen auf Normenkompetenz – implizieren in ihrem normativen Anspruch einen Konsens – werden ohne Nennung der Entscheidungsträger getroffen
4. Lehrangebot	– basieren auf relativ stabilen Überlieferungen – werden retardierend neuen Erfordernissen angepaßt – sind fest umrissen und für alle Schüler einer Altersgruppe gleich
5. Lernprozesse	– werden nicht beschrieben
6. Materialien	– werden im allgemeinen nicht speziell genannt – beeinflussen unkontrolliert Lernprozesse
7. Methoden	– werden nicht in Zusammenhang mit bestimmten Lehraufgaben gebracht – stehen als wenig präzisierte Verfahrensweisen zur beliebigen Verfügung
8. Kontrollen	– werden im Lehrplan nicht beschrieben" *(Potthoff)*[1].

Solche Lehrpläne bestimmen heute noch zum großen Teil den schulischen Alltag.
Nun erschienen in den 60er Jahren auf dem deutschen pädagogischen Büchermarkt zwei Bücher, die die Behandlung der Frage nach Entstehung und Vermittlung von zu vermittelnden Bildungsinhalten und Lernzielen reflektierten und Anstoß zu einer neuen Entwicklung in der Pädagogik auslösten. Dies war zunächst 1965 die Übersetzung von *Robert F. Magers* „Lernziele und programmierter Unterricht"[2] und das Buch von *Robinsohn* „Bildungsreform als Revision des Curriculums"[3].

Diese beiden Bücher „leiten eine neue Ära, wenn nicht in der deutschen Erziehungswissenschaft, so doch in der pädagogischen Öffentlichkeit ein. Anstatt von Bildung wird von Lernen, anstatt von Bildungsziel von Lernziel und/oder Qualifikation, anstatt von Lehrplan von Curriculum gesprochen. Die geisteswissenschaftlich und bildungstheoretisch orientierte Didaktik scheint durch eine erfahrungswissenschaftlich und lernpsychologisch fundierte Curriculumtheorie abgelöst zu werden" *(Siebert)*[4].
Lehrplan sollte nun durch den Begriff „Curriculum" abgelöst werden. Dieser Begriff war bereits im 17. Jahrhundert im europäischen Raum im pädagogischen Zusammenhang benutzt worden *(D. Morhof)*, wurde dann durch den Begriff Lehrplan abgelöst und kam nun in Anlehnung an die angloamerikanische Terminologie wieder in den deutschen Sprachgebrauch zurück. Damit erfolgte aber nicht nur ein Austauch der beiden Begriffe, sondern auch inhaltlich erfolgte eine Änderung. Im Curriculum sollte die Entstehung der *Inhaltsentscheidung* offengelegt werden, und es sollte eine mit wissenschaftlichen Methoden durchgeführte oder zumindest unterstützende *Planung* und *Kontrolle* erfolgen.
Die idealtypischen Merkmale eines solchen Curriculums hat *H. Tütken*[5] zusammengestellt. Eine allgemeingültige Curriculumtheorie gibt es jedoch nicht. Deshalb sollen die wichtigsten Ansätze der verschiedenen Theorien, die heute die Curriculumdiskussion bestimmen, aufgezeigt werden.

2. *Weniger* – Lehrplantheorie

Bestimmend für die Lehrplandiskussion der deutschen Pädagogik war bis zum Auftauchen neuer Ansätze der Curriculum-Planung *Erich Weniger* mit seiner „Theorie der Bildungsinhalte und des Lehrplanes"[6]. Diese Theorie *Wenigers* entstand aus dem Verständnis der „Geisteswissenschaftlichen Pädagogik". Einige seiner Schüler, darunter auch *Klafki*, haben versucht, diesen Ansatz kritisch weiterzuentwickeln.
In der Lehrplantheorie *Wenigers* werden schon wichtige Grundprobleme der Curriculumforschung tangiert:
- Lehrpläne dürfen sich nicht auf ein gültig vorauszusetzendes System stützen und davon abgeleitet werden
- Lehrpläne kommen unter bestimmten geschichtlichen Voraussetzungen zustande
- Kontrollfunktion der Wissenschaft
- das Ziel „Mündigkeit" schließt die Möglichkeit der Gesellschaftsveränderung mit ein
- Verbindung von Theorie und Praxis bei der Entwicklung von Lehrplänen

Erich Weniger hat versucht, die Lehrplanarbeit auf ein gewisses wissenschaftliches Niveau zu stellen; es blieben aber noch viele Problemkreise unbeantwortet:
- Ableitung von Verhaltenszielen aus übergreifenden Zielen
- Evaluation
- Kontrolle der Lehrplanentscheidungen
- Zusammenhang: Lehrpläne – gesellschaftlicher Bezug

Die verschiedenen Curriculumtheorien versuchen nun, auch diese Fragen mit in ihre Überlegungen einzubeziehen.

3. *Robinsohn* – induktiv, situationsanalytisches Modell

Die bisherigen Lehrpläne orientieren sich an Bildungsbegriffen und klassischen Bildungsidealen; damit wurden in erster Linie Kulturgüter weitergegeben, und es war die Gefahr, daß gesellschaftliche Weiterentwicklung vernachlässigt wurde. Daraus erfolgte ein „Druck der unausweichlichen Forderungen nach Aktualisierung des Curriculum" *(Robinsohn)*[7]. Dabei ging es *Robinsohn* „um die Überprüfung der pädagogischen Relevanz des gesamten Gefüges"[8]. Er ging von der These aus, daß die ökonomisch-statistischen, die sozial-politischen und die unterrichtstechnologischen Reformansätze ohne eine Revision der Bildungskanons unzureichend und unbefriedigend bleiben[9].
„Die Selbstbeschränkung der Didaktik manifestiert sich vor allem darin, daß sie von einem vorgefundenen Kanon von Wissensgebieten und Wissenschaften ausgeht und zur Formulierung der ihnen immanenten Bildungsziele dadurch zu gelangen sucht, daß sie die ‚Gehalte' der vorgegebenen Inhalte identifiziert und die Bedingungen ihrer Transposition in den Erziehungs- und Unterrichtsvorgang klärt."[10]
Robinsohn wollte aus der Analyse von Lebenssituationen zu Lerninhalten kommen; dabei geht er nicht im Sinne einer normativen Deduktion vor, sondern induktiv: welche Lernerfordernisse sind notwendig aufgrund von Informationen der jetzigen und zukünftigen Umwelt.
Diese Curricula fußen also nicht auf einem bestimmten Menschenbild oder einer vorgegebenen Gesellschaftsauffassung. „Wir gehen von der Annahme aus, daß in der Erziehung Ausstattung zur Bewältigung von Lebenssituationen geleistet wird, daß diese Ausstattung geschieht, indem gewisse Qualifikationen und eine gewisse Disponibilität durch die Aneignung von Kenntnissen, Einsichten, Haltungen und Fertigkeiten erworben werden; und daß eben die Curricula und – im engeren Sinne – ausgewählte Bildungsinhalte zur Vermittlung derartiger Qualifikationen bestimmt sind. Damit ergibt sich für das Curriculum die Aufgabe, Methoden zu finden und anzuwenden, durch welche diese *Situationen* und die in ihnen geforderten Funktionen, die zu deren Bewältigung notwendigen *Qualifikationen* und die *Bildungsinhalte* und Gegenstände, durch welche die Qualifizierung bewirkt werden soll, in optimaler Objektivierung identifiziert werden können" *(Robinsohn)*[11].
Demnach ist für eine Curriculumerstellung folgendes zu leisten:

1. Identifizierung der unser Leben bestimmenden Situationen und die darin jeweils geforderten Funktionen,
2. Festlegung der Qualifikationen, die zur Bewältigung der identifizierten Situationen erforderlich sind, und
3. Benennung der Bildungsinhalte, an denen der Lernende diese Qualifikationen erwerben kann.

Zur Analyse der Verwendungssituation schlägt *Robinsohn* die Befragung von Experten vor: Fachwissenschaftler, Vertreter der anthropologischen Wissenschaften und der Erziehungswissenschaft[12]. Diese Experten sollen die Relevanz von Lerninhalten und -zielen demokratisch bestimmen.
Gerade hier setzt die Kritik der marxistisch geprägten Pädagogik ein.
„Eine solche Vorstellung über das Zustandekommen eines gesellschaftlichen Konsensus kann nur entwickelt werden vor dem Hintergrund einer Pluralismustheorie, der der Idee vom friedlichen und gleichberechtigten Ausgleich aller gesellschaftlichen Interessen eigen ist. Doch wer in einer Klassengesellschaft einer Pluralismustheorie anhängt, dem öffnet sich

der Blick auch nicht dafür, daß das leitende Erkenntnisinteresse der herrschenden Kräfte dieser Gesellschaft der Profitmaximierung gilt. Diese Grunderfordernis jeder kapitalistischen Gesellschaft aber macht deutlich, daß Bemühungen auch um ein ‚demokratisiertes Curriculum' im Zusammenhang mit dem für die fortgeschrittensten Kapitalfraktionen dysfunktional gewordenen Schulsystem der BRD und dessen entsprechender Revision zu sehen sind – und nicht der Entwicklung einer demokratischen Gesellschaft gelten" *(Rauch/Anzinger)*[13].

Nach *Robinsohn* hat die Schule die Aufgabe, Schüler für die Bewältigung späterer Lebenssituationen zu befähigen. Für ihn ist Bildung „Ausstattung zum Verhalten in der Welt"[14]. Dabei gibt es komplexe Fähigkeiten, die jeweils begrenztere Qualifikationen in sich einschließen, und umgekehrt lassen sich die komplexen Fähigkeiten wiederum als Element noch umfassenderer Qualifikationen begreifen. So entsteht ein Modell einer hierarchischen Pyramide von Qualifikationen. An der Spitze stehen Ziele wie „Mündigkeit", „Fähigkeit zur Selbstbestimmung", „Fähigkeit zur Kommunikation mit Mitmenschen" usw. An der Basis finden wir Ziele, die die Verhaltens- und Handlungsweisen des Lernenden genau beschreiben, aus denen die angestrebte Qualifikation präzise und genau zu ersehen ist – also operationalisierte Lernziele.
Das gesamte Modell der Curriculum-Revision besteht aus drei Bereichen; zunächst aus Vorentscheidungen und Annahmen und schließlich aus der eigentlichen Prozedur. Im einzelnen sieht das Modell[15] so aus:

A. *Vorentscheidungen*

für die Durchführung der Curriculumforschung
1. Inhalte der gesamten Schulerziehung, dann Spezifizierung
2. Vorrang der Fachwissenschaften
a) Beobachtung und Interpretation der Welt
b) Frage nach den Strukturen – kategorial
c) kein Szientismus, keine Abbilddidaktik
3. Inhalte des kognitiven, affektiven und psychomotorischen Bereichs außerhalb der Fachwissenschaften

B. *Annahmen*

Situationen
↓
Qualifikationen
↓
Lehrinhalte

C. *Prozedur*

I. Kriterien für die Auswahl der Inhalte		II. Verfahren zur Messung der Inhalte an den Kriterien
1. Bedeutung im Gefüge der Wissenschaft	→	aus dem Erfahrungshorizont der Wissenschaft
2. Leistung für Weltverstehen	→	Relation zwischen Lehrinhalten und Qualifikationen des Weltverstehens empirisch prüfen
3. Funktion in Verwendungssituationen des privaten und öffentlichen Lebens	→	Analysen spezifischer Verwendungssituationen und Bedürfnisse zum Nachweis erforderlicher Funktionen, dann Relation zwischen den Inhalten und den zu erwerbenden Qualifikationen herstellen

↓

Testverfahren

↓

Konfrontierung mit psychologischen Theorien

↓

einzelne Hypothesen testen

↓

alternative Teil-Curricula im systematischen Experiment

↓

empirische Untersuchungen reichen nicht aus

III. Instanzen, auf die sich die Verfahren beziehen

Expertenbefragung		Problematik
Fachwissenschaftler	→	Szientismus
Abnehmer	→	Sollforderungen statt Sachaussagen

Vertreter der anthropologischen Wissenschaften, einschließlich der Erziehungswissenschaft

↓

ideologiekritische Begrenzung der Aussagen anderer Gruppen; ergänzende anthropologische und pädagogische Aspekte; didaktische Rückfrage (→ Sollforderungen statt Sachaussagen)

Lösung

präziser Fragenkatalog

↓

Ausgang von der Praxis

↓

Expertengespräch

↓

Urteile kritisch analysiert und gewichtet

↓

Entscheidung in Kenntnis der Alternativen

Die Curriculumentwicklung im Sinne *Robinsohns* stellt ein Prozeß ständiger Revision dar. Auf keiner Stufe darf der Prozeß zum Stillstand kommen, weil sonst die Gefahr besteht, an überholten Qualifikationen festzuhalten oder Verbesserungsmöglichkeiten nicht zu nutzen.
Ein Hauptproblem eines solchen Modells dürfte in der Identifizierung von relevanten Situationen und die Analyse von Qualifikationen darstellen. „Eine solche Strategie der Begründung von Lernzielen ist nur dann relativ einfach, wenn Situationen gleichsam ‚naturgegeben' sind und mit Hilfe von intersubjektiv eindeutigen Begriffen beschrieben werden können. In diesem Fall sind Situationen relativ unabhängig von der Interpretationsleistung der Handelnden in den Situationen. Dies kann jedoch nur für sehr spezielle Situationen angenommen werden" *(Buttgereit u.a.)*[16].
Weiter ergeben sich methodische Probleme wie Situations-, Qualifikationsanalysen, Konsensbildung, Evaluation usw. Während *Robinsohn* diese Aspekte nur andeutete, haben vor allem *Doris Knab*[17] und *Jürgen Zimmer*[18] versucht, an diesen Fragen weiterzuarbeiten. Die Verwirklichung dieses *Robinsohn*schen Modelles ist sehr aufwendig, da es den gesamten Lehr- und Fächerkanon der Schule in Frage stellt und somit langfristig angelegt ist. *Hartmut von Hentig* formulierte dies so: „Die Curriculumideen des Max-Planck-Institutes für Bildungsforschung in Berlin können unsere Enkel beglücken, wenn sie nicht bis dahin längst ihren Ansatzpunkt überlebt haben"[19].

4. Induktiv-mittelfristige Modelle

a) *Blankertz*
Blankertz betont mehr die fachdidaktische Komponente und versucht, „die normativen Entscheidungen einer Curriculumrevision systematischer und präziser zu erfassen als *Robinsohn* und damit den emanzipatorischen Anspruch deutlicher zu formulieren. Im einzelnen werden Bedingungsfaktoren der Veränderung von Lebenssituationen, der Institutionen, der politisch-gesellschaftlichen Postulate und der sozial-kulturell-anthropogenen Voraussetzungen analysiert"[21]. Die Ergebnisse sind durch den geistigen Standort und die Interessen des Analysierenden und durch die interpretierende Methode beeinflußt. Deshalb werden die Wertentscheidungen offengelegt und begründet und die eigenen Leitvorstellungen ideologie-kritisch überprüft.
Die durch die Analyse gewonnenen Aussagen werden in einer Matrix den Kriterien des leitenden Interesses gegenübergestellt. So entstehen „Strukturgitter". „Es sind dies Kategorien und Kriteriensysteme, die das betreffende Aufgabenfeld durch eine Kombination pädagogisch-politischer Zielsetzungen einerseits mit Strukturerkenntnissen der einschlägigen Fachwissenschaften (für den Englischunterricht z.B. Anglistik und Linguistik) aufschlüsseln und andererseits zugleich Gesichtspunkte für die Auswahl konkreter Unterrichtsinhalte liefern" *(Wulf)*[21]. Nun werden Inhalte, die für den Unterricht geeignet erscheinen, an das Strukturgitter angelegt. *Blankertz* beschränkt sich auf eine fachdidaktische Lehrplankonstruktion und kann so mit seinem „didaktischen Strukturgitter" auch konkretere Angaben über die Kriterien der Auswahl von Lernzielen und Inhalten machen. Nun werden vorläufige Projekte und Lehrgänge entwickelt; dabei wird der experimentelle Charakter dieser ersten Erprobungsphase betont.

Die Strategie *Robinsohns* wird durch *Blankertz* in zweifacher Hinsicht ergänzt[22]: man mißt der Analyse der Bedingungsfaktoren und der Begründung der Aufgabenstellung eine größere Bedeutung zu und bezieht in den Prozeß der Curriculumkonstruktion eine didaktische Experimentalphase ein. „Dadurch entsteht kommunikativer Zusammenhang zwischen Forschung und Praxis, wie er durch die im Instanzenzug des *Robinsohn*schen Modells vorgesehene Expertenbefragung allein niemals herstellbar wäre" *(Blankertz)*[23].

b) *Achtenhagen*

Bei der von *Achtenhagen* vorgestellten mittelfristigen Strategie zur Curriculumforschung „handelt es sich um einen Versuch, der sich in der Frage der Gesamtrevision des Curriculum ausdrücklich zu *Robinsohns* Intention bekennt, sich in der Art des Vorgehens jedoch als Alternative versteht. Denn bei der Langfristigkeit des Reformplanes *Robinsohns* bieten sich angesichts der vielen offenen didaktischen Probleme mittelfristige Lösungen an, worunter von uns Versuche gefaßt werden, die die Voraussetzungen der Curriculumelemente bestimmter Fächer analysieren und in Frage stellen, primär im Hinblick auf ihre Entfernung von Erkenntnissen verschiedener Wissenschaften" *(Achtenhagen/Menck)*[24]. Er setzt also bei den Curriculumelementen an und überprüft sie auf ihre Vertretbarkeit gegenüber den entsprechenden Wissenschaften. In der vorgeschlagenen mittelfristigen Forschungsstrategie besteht der erste Programmpunkt „in einer analytischen Lehrplan- und Unterrichtskritik als Überprüfung von Zielen und Aussagen über den jeweiligen Unterricht. Primäre Methoden sind sprachliche, logische sowie empirische Analysen. . . Zugleich sind Kriterien einer konstruktiven Lehrplan- und Unterrichtsgestaltung zu entwickeln. Hierzu bedarf es erstens der Sammlung aller den Unterricht normierenden Informationen, die in einem zweiten Schritt geordnet werden müssen, wobei als Ordnungsschema die Modelle der Allgemeinen Didaktik fungieren" *(Achtenhagen/Menck)*[25]. Dabei stützt man sich auf das lerntheoretische Modell von *Heimann/Otto/Schulz*[26].

Auch hier wird mit einem „didaktischen Strukturgitter" gearbeitet, indem mit Hilfe der Sozialwissenschaften Kategorien und Kriterien erarbeitet und aufeinander bezogen werden. Für den politischen Unterricht z.B. verdeutlicht *G. Thoma*[27] ein solches Strukturgitter. Zunächst werden aus der Fragestellung der „Vergesellschaftung" die Lernbereiche „Arbeit", „Sprache" und „Herrschaft" ausgewählt und dann in die Ebenen „Problematisierung", „Intention" und „Selektion" einerseits und in die Interpretationsmuster „technisch wertfrei zweckrational", „praktisch ideologisch" und „emanzipatorisch kritisch" gegliedert.

5. *Flechsig* – LOT – entscheidungstheoretisches Modell

Die Objektivierung und Rationalisierung von Entscheidungen über Lernziele und Lerninhalte stellen ein besonderes Problem in der Curriculumforschung dar. Die „Arbeitsgruppe für Unterrichtsforschung der Universität Konstanz" um *Karl-Heinz Flechsig* will mit ihrem LOT-Projekt (LOT = lernzielorientierte Tests) „den Prozeß der Entscheidung über Lernziele erhellen und gleichzeitig die aus diesem Prozeß resultierenden Produkte, nämlich Lernzielformulierungen, in einer Weise verfügbar machen, daß sie für die Unterrichtstechnologie verwendet werden können" *(Flechsig)*[28]. Diese Projektgruppe hat sich mit ihrem LOT-Projekt selbst folgende drei Ziele gesetzt:

„1. Zunächst geht es darum, ein generelles Modell zur Abbildung von Informations- und Entscheidungsprozessen, die zur Formulierung von Lernzielen führen, zu gewinnen. Es soll-

te relativ umfassend sein, d.h. solche Prozesse unabhängig von den inhaltlich zu definierenden Lernzielen abbilden, zum anderen sollte es auch möglichst leicht anwendbar sein, d.h., der Zusammenhang zwischen den empirischen Variablen und den im Modell verwendeten Begriffen sollte leicht herstellbar sein.
2. Unmittelbar damit in Zusammenhang stehend ist es ein weiteres Ziel des LOT-Projekts, konkrete Produkte zu erstellen, nämlich lernzielorientierte Tests für die Bereiche „Französich" und „Elementarerziehung". Die Erstellung einer dergestalt konkreten Beschreibung von Lernzielen ist erforderlich, um die Effektivität der dazu führenden Entscheidungsprozesse empirisch überprüfen zu können; denn nur wenn diese Prozesse zu einem Abschluß gelangt sind und sich in einem Ergebnis niedergeschlagen haben, besteht überhaupt die Möglichkeit, den Zusammenhang zwischen Prozeß und Produkt zu kontrollieren.
3. Damit ist das dritte Ziel schon angesprochen, nämlich die Aufklärung des Zusammenhangs zwischen Prozeß und Produkt. Es ist nicht zu erwarten, daß die Aufklärung solcher Zusammenhänge vollständig möglich ist; doch wird angestrebt, zumindest Schätzungen hinsichtlich der möglichen Varianz der Produkte zu liefern" *(Flechsig)*[29].

Bei dem Prozeß der Lernzielpräzisierung und -entscheidung und der Zuordnung von entsprechenden Inhalten verzichtet die LOT-Gruppe auf eine hermeneutische Deduktion von Lernzielen aus allgemeinen Normen und Werten; sie bedient sich dabei erfahrungswissenschaftlicher Methoden. *Flechsig* schreibt dazu:

„Um kein Mißverständnis aufkommen zu lassen, sei betont, daß es nicht darum gehen kann, die historischen sowie soziokulturellen, ideologischen, politischen, psychologischen Determinanten von Lernzielen außer acht zu lassen, sondern im Gegenteil sie mit erfahrungswissenschaftlichen Methoden zu analysieren und nach Möglichkeit zu optimieren"[30].

Man bedient sich dabei des entscheidungstheoretischen Modells von *R. Radner*[31].

Flechsig schreibt selbst, daß die Anwendung dieses formalen Modells der Entscheidungssituation auf Prozesse der Entscheidung über Lernziele nur vorläufigen Charakter hat. „Es soll damit ein heuristischer Ansatz für ein speziell auf didaktische Informations- und Entscheidungsprozesse anzuwendendes Modell gewonnen werden. Es kommt nun darauf an, eine möglichst zweckmäßige Besetzung der Variablen des formalen Modells mit didaktisch relevanten Sachverhalten vorzunehmen"[32].

So entstand das auf S. 66 folgende Modell des Entscheidungsprozesses über Lernziele[33].

6. *Möller* – deduktives Modell

Bei dieser Strategie der Curriculumentwicklung sind zunächst allgemeine Normen, Werte, Gesellschaftstheorien oder Richtziele vorgegeben; aus ihnen werden konkrete Unterrichtsziele und -inhalte abgeleitet.

Dieses Verständnis von Curriculum-Konstruktion bezeichnet *Blankertz* als ein „System, das ausgeht von obersten vorpädagogischen Sinn-Normen über das menschliche Leben, über die Stellung des Menschen in der Welt oder über die Natur des Menschen, diese Normen dann auslegt auf Erziehungsziele, daraus alle Inhalte des Unterrichtes ableitet, also den Lehrplan gewinnt, und schließlich bis zu Methoden- und Erziehungsformen weiter differenziert, so daß eine in sich geschlossene Deduktionskette entsteht, die aussagt, wie die Wirklichkeit ‚Unterricht' sein sollte".[34]

Modell des Entscheidungsprozesses (EP) über Lernziele

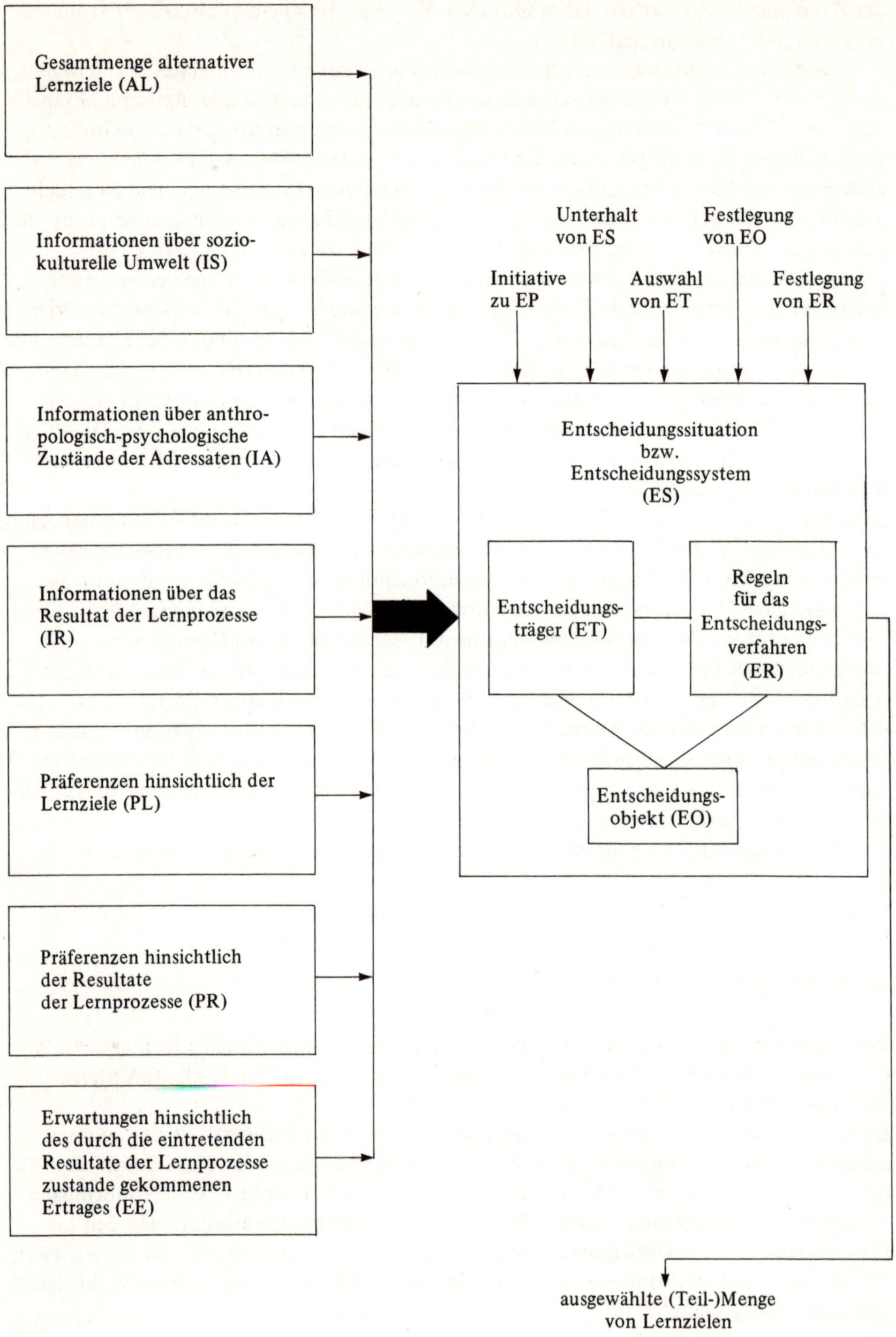

Eine solche Strategie hat *Christine Möller* 1969 in ihrem Buch „Technik der Lernplanung"[35] dargelegt. Während bei *Robinsohn* und *Blankertz* zunächst inhaltliche Fragen im Vordergrund standen, konzentriert sie sich – ähnlich wie *Flechsig* – auf Lernzielentscheidungen. Für sie sind Lernziele Verhaltensziele, die sich nach ihrem Abstraktionsniveau, d.h. nach dem Grad ihrer Konkretheit, Genauigkeit und Eindeutigkeit differenzieren lassen. Sie unterscheidet Fein-, Grob- und Richtziele. „Als Feinziel bezeichnet man jedes Lernziel von Abstraktionsniveau 1, ein Lernziel also, das den höchsten Grad an Eindeutigkeit und Präzision aufweist, alle Alternativen ausschließt und die drei Merkmale Endverhaltensbeschreibung, nähere Bestimmung des Endverhaltens und Angabe des Beurteilungsmaßstabes aufweisen kann. . . Als Grobziel bezeichnet man jedes Lernziel von Abstraktionsniveau 2, ein Lernziel also, das einen mittleren Grad an Eindeutigkeit und Präzision aufweist, nur einige Alternativen ausschließt und eine vage Endverhaltensbeschreibung ohne Angabe des Beurteilungsmaßstabes zeigt. . . Als Richtziel schließlich bezeichnet man jedes Lernziel von Abstraktionsniveau 3, ein Lernziel also, das den geringsten Grad an Eindeutigkeit und Präzision aufweist, nur ganz wenige Alternativen ausschließt und mit umfassenden unspezifischen Begriffen arbeitet"[36]. Indem nun aus Richtzielen Grobziele und aus Grobzielen Feinziele abgeleitet werden, entsteht das Curriculum.

„Bei jeder Lernplankonstruktion kann man zwei Hauptphasen unterscheiden: Grobplanung und Feinplanung. Haben wir Lernplanung als die Lernzielerstellung für die gesamte Schullaufbahn der einzelnen Schüler eines Staates definiert, so kann man Grobplanung dabei als die Erstellung von Grobzielen und Feinplanung als die Erstellung von Feinzielen bezeichnen." *(Möller)*[37].

Die Planung der Richtziele erfolgt auf Staatsebene, wobei das im Staat vorherrschende Weltbild zugrundegelegt wird. Zur Gewinnung von Grobzielen erfolgt eine Analyse der Kulturbereiche Familie, Freizeit, Staat und Beruf durch Experten. Die ermittelten „Verhaltensitems" werden dann auf ihre Lernbarkeit in der Schule überprüft; darauf erfolgt die Zuordnung zu den verschiedenen Schularten. Dabei ist eine Grobzielvalidierung notwendig, um in einem Selektionsprozeß von den bereits aufgestellten Lernzielen die brauchbaren von den nicht validen Lernzielen zu trennen. Ihre fünf Kriterien dazu gewinnt sie aus einer Synthese der Kriterien von *Jensen* (1948)[38] und *Green* (1963)[39]:

„1. Kriterium der gesellschaftlichen Adäquatheit
2. Kriterium der basalen menschlichen Bedürfnisse
3. Kriterium der Konsistenz
4. Kriterium der verhaltensmäßigen Interpretation
5. Kriterium der optimalen Erreichbarkeit durch schulisches Lernen"[40].

Die Formulierung der Feinlernziele wird in erster Linie von den Lehrern geleistet; sie sollen

1. in ihrer Formulierung den von *Mager* (1965)[41] aufgestellten Kriterien entsprechen, also operationalisiert sein, und
2. in eine Taxonomie gebracht werden; die kognitiven nach *Bloom* (1956)[42], die affektiven nach *Krathwohl/Bloom/Masia* (1964)[43] und die psychomotorischen nach *Guilford* (1958)[44].

Dieses Konzept *Möllers* wurde von *Blankertz*[45] und *Meyer*[46] kritisiert. *Blankertz* schreibt unter anderem:

„Der tiefere Grund für das Scheitern von *B.* und *Ch. Möller*, also unabhängig von dem unqualifizierten Verfahren, ist darin zu suchen, daß die formale Begriffsapparatur, in der Lernziele klassifiziert werden können, von wirklichen oder möglichen Lehr- und Lerninhalten abstrahiert ist und daß es darum für die Lehrplangestaltung einer Rückbeziehung bedarf. Für einen solchen Rückbezug ist aber die hermeneutische Identifikation von Inhalten, also inhaltliche Lehrplanentscheidungen, nicht hintergehbar. Denn die einzelnen Klassen der Taxonomie drücken jeweils ein kognitives, affektives oder psychomotorisches Verhalten aus, welches es nie in solcher Abstraktion gibt".

Auch *Mollenhauer*[47] problematisierte eine deduktive Entwicklung von Curricula aus einer Gesellschaftsinterpretation; dabei wird nicht die Notwendigkeit übergeordneter Normen in Frage gestellt, sondern das monokausale Ableitungsverfahren. Zielvorstellungen sind zwar als Korrektiv und Relevanzfilter notwendig, als „Ausgangsbasis zur Ableitung von präzisen Lernzielen jedoch nicht verwendbar" *(Siebert)*[48].

7. *Lenzen* – eduktives Modell

Während bei *Robinsohn* erst aus der Situations- und Qualifikationsanalyse Lerninhalte gewonnen wurden, setzt *Lenzen* seine Curriculum-Entwicklung bereits auf der Ebene der Inhaltsauswahl an und stellt die Frage, welche Situationen der Lernende mit der erworbenen Qualifikation meistern kann.

„Curriculum-Forschung setzt demnach mit der Identifikation von Inhalten ein, untersucht diese Inhalte in bezug darauf, den Erwerb welcher Qualifikationen ihre Vermittlung zu fördern imstande ist, und schließlich welche Realität ein Individuum zu einer Lebenssituation gestalten kann, das im Besitz dieser Qualifikationen ist." *(Lenzen)*[49]

Als Quelle solcher Inhalte nennt Lenzen: 1. Wissenschaft und Kultur, 2. die Lebenspraxis der Lehrenden und Lernenden, 3. die fachdidaktische Ausgangslage (Lehrpläne, Richtlinien usw.)[50]. Die entsprechenden Inhalte werden nach ihren möglichen Qualifikationen hin untersucht. Man überprüft dann diese gefundenen Qualifikationen auf ihre Relevanz für bestimmte Lebenssituationen. Nun kommt ein völlig neuer Aspekt hinzu: Jetzt wird geprüft, ob diese Situationen an den Forderungen einer *kritischen Gesellschaftstheorie* wünschenswert sind. Damit wird die Möglichkeit zur Realisierung emanzipatorischer Qualifikationen gegeben, was auch das Hauptanliegen dieser Konzeption darstellt.

„In zahlreichen Zusammenhängen betonen *Robinsohn* und seine Mitarbeiter die Verpflichtung ihres Modells auf das Postulat eines emanzipatorischen Interesses. Diese Forderung scheint jedoch im Programmatischen zu verharren, denn es läßt sich nachweisen, daß erstens das vorliegende Verständnis von Mündigkeit sich nicht oder nur formelhaft mit dem kritischer Gesellschaftstheorie deckt und zweitens daraus resultierend keine Wege zur Realisierung eines emanzipatorischen Erkenntnisinteresses erarbeitet werden. Die Konfrontation des Emanzipationsverständnisses im *Robinsohn*-Modell mit demjenigen, das *Wolfgang Lempert* in einer Auslegung auf die Probleme der Bildungsforschung vorgelegt hat, zeigt signifikante Differenzen: Mündigkeit als ‚personelle' und ‚ökonomische' Selbständigkeit und ‚Selbstverantwortung' ist leerformalhaft und als solche nicht identisch mit einem die Negation jedweder Herrschaft bedingenden spezifisch menschlichen Interesse an der Verfügung über sich selbst" *(Lenzen)*[51].

Dieser Emanzipationsanspruch wird konsequent weiterverfolgt, indem nicht Experten die wesentlichen Entscheidungen treffen, sondern die Betroffenen selbst.

„Will man ein emanzipiertes und emanzipierendes Bildungssystem schaffen, so können die obigen Überlegungen allein in der Konsequenz kulminieren, die Entscheidungsträger nicht länger nach mehr oder weniger rationalen Kriterien zu identifizieren, sondern die für die Zukunft des Individuums existentiellen Entscheidungen aus der Gewalt der Herrschenden in die der Individuen zu überführen, d.h. das Individuum entscheiden zu lassen, welche Qualifikationen es zu erwerben wünscht." *(Lenzen)*[52].
Die Curriculumentscheidungen werden von dem am Unterricht Beteiligten selbst getroffen und gemeinsam mit Experten, Lehrern, Schülern und Eltern diskutiert und begründet.
In diesem Zusammenhang sind auch das Konzept einer pragmatischen Lehrplanrevision „an der Basis" von Wolfgang *Edelstein*[53] zu nennen und die Versuche *Hartmut von Hentwig*s in Bielefeld[54].

8. Geschlossene Curricula – Offene Curricula

Bei den bisher besprochenen Modellen – mit Einschränkungen bei Lenzen – ist bei der Konstruktion des Curriculum folgende Reihenfolge festgelegt: Am Anfang steht die Curriculum-*Entwicklung*, aus der ein Curriculum-*Produkt* hervorgeht; dieses Produkt wird dann im Unterricht *realisiert* und anschließend *evaluiert*. Es besteht also eine strenge Reihenfolge von Entwicklung, Produkt, Realisierung und Evaluation. Dabei wird von einem außerschulischen Expertengremium ein fertiges Produkt, in dem die Vermittlungsstrategie mit genauem Einsatz von Medien und Festlegung der Lernziele und Tests zu ihrer Überprüfung enthalten sind, erstellt. Ein solches Curriculum als fertiges, kodifiziertes Produkt ist *„output"* einer schulexternen Konstruktionsphase und *„input"* eines Unterrichtssystems. Curriculum bezeichnet in diesem Falle nicht die Realprozesse im Unterricht, sondern Pläne, die als Steuerungsinstrumente im Unterricht eingesetzt werden können *(Becker/Jungblut)*[55].
Es wird eine exakte Vermittlung des Curriculum-Produktes durch den Lehrer erwartet und daß die Schüler die im Curriculum-Produkt festgelegten, wünschenswerten Verhaltensweisen zeigen. Planung und Durchführung von Unterricht werden als zwei trennbare Bereiche angesehen. Die aus solchen Prozessen entstandenen Curricula bezeichnet man mit „geschlossenen Curricula". Sie waren bestimmend für die erste Phase der Curriculumdiskussion sowohl in Amerika und England als auch in Schweden und prägten bis etwa 1972/73 die Curriculum-Entwicklung in der Bundesrepublik.
Bei „geschlossenen Curricula" ist der Unterricht darauf angelegt, festgelegte Lernziele zu erfüllen. Dabei bleibt kaum die Möglichkeit, für subjektive Erwartungen und Bedürfnisse, für Individualität und Spontaneität. *W. Sachs* und *Chr. Scheilke* sehen dabei die Gefahr, daß es zu zwanghaftem Ritualismus, zu Legitimitätskonflikten und Apathie kommen kann[56]. Zu diesem Problemkreis schreibt *H. Brügelmann*: „Warum sollen auch nur solche Situationen in der Schule zugelassen sein, deren Ergebnisse der Lehrer schon im voraus kennt – oder zu glauben kennt? Warum soll ein Schüler nicht mit einem Problem konfrontiert werden, ohne daß ihm vorgeschrieben wird, was ihn daran zu interessieren hat, welche Fragen er stellen darf, wie er sich mit ihnen auseinandersetzt, wohin ihn sein Nachdenken führt? Unterschätzt ein Unterricht, der alle Seiten- und Irrwege, alle Zweifel und Ambiguitäten, auch die Erfahrungen des Versagens aus der Schule verbannt und nur noch sorgsam aufbereitete, sozusagen keimfreie, Schritt-für-Schritt-Lektionen zuläßt, unterschätzt ein so entproblematisier-

ter Unterricht nicht Neugier und Interesse, Lernwillen und Lernfähigkeit, vor allem aber das kreative Potential des Schülers?"[57]

Sieht man die „geschlossenen Curricula" auf dem Hintergrund eines interaktionistischen Sozialisationsverständnisses, muß man fragen, inwieweit der Schüler seine eigenen Intentionen mit in den Unterricht einbringen kann, ob solcher Unterricht dem Identitätsaufbau des Schülers sehr förderlich sein kann. „Die Errichtung einer individuierten Ich-Identität lebt von Konflikten und Ambiguitäten. Werden Handlungsalternativen, Inkonsistenzen und Inkompatibilitäten verdrängt oder geleugnet, fehlt dem Individuum die Möglichkeit, sein besondere Stellung angesichts spezifischer Konflikte darzustellen" *(Krappmann)*[58].

So setzten zu Beginn der 70er Jahre auch Zweifel an der bisherigen Art von Curriculumrevision ein.

„Die Hoffnungen, die auf die Planbarkeit von Lernen, auf eine wissenschaftlich gesicherte Entwicklung allgemeingültiger Unterrichtsverläufe und auf eine wirkungsvolle Reform der Schule durch extern entwickelte Materialien gesetzt wurde, haben sich jedoch nicht erfüllt" *(Brügelmann/Brügelmann)*[59]. Der bisherigen Curriculumrevision mit ihren „geschlossenen Curricula" setzte man ein neues Konzept der „offenen Curricula" entgegen. Erstmals wurde dieser Begriff durch den Bericht von *H. Brügelmann* über eine internationale Tagung in Norwich an der University of East-Anglia im Juli 1971, die sich mit Fragen der Verknüpfung von Curriculum und Unterrichtsprozeß befaßte, in die deutschsprachige Diskussion eingeführt[60].

Er nennt sechs Merkmale des „offenen Curriculums"[61]:

1. Offenheit des Entwicklungsprozesses; Curriculum-Produkte dürfen prinzipiell nie als abgeschlossen angesehen werden, sie werden durch Unterricht verändert.
2. Instrumentale Offenheit; weder die Ergebnisse empirischer und theoretischer Sozialforschung noch die Produkte curricularer Entwicklungsarbeit erlauben die Festlegung allgemeingültiger Mittel-Zweck-Relationen, sondern sie können lediglich als unter bestimmten Bedingungen brauchbare Hypothesen plausibel gemacht werden.
3. Normative Offenheit; es werden alternative Lernerfahrungen angeboten, und es sind Austausch oder Ergänzungen von Lehrangeboten möglich.
4. Didaktische Variabilität; es sollen möglichst viele Dimensionen der Unterrichtswirklichkeit durch – im Einzelfall durchaus konkurrierende – Kriterien für Unterrichtsplanung verfügbar gemacht werden, und man soll sich nicht auf die Verwendung einzelner Konstruktionsprinzipien beschränken.
5. Inhaltsoffenheit; sie führt zu einem „integrativen Curriculum", in dem die Klassifikation von Lernerfahrungen offengehalten wird, nicht nur grundsätzlich für interdisziplinäre Fragestellungen, sondern auch für ad hoc auftauchende situationsspezifische Probleme, deren Bewältigung nicht durch traditionelle Raster oder extern definierte inhaltliche oder methodische Ausschnitte verkürzt werden soll.
6. Offenheit des Lernerfolges; sie ist darauf angelegt, verschiedenen Schülern in gemeinsamen Lernsituationen individuelle Lernerfahrungen zu ermöglichen.

Das Deutsche Institut für wissenschaftliche Pädagogik in Münster spricht statt von „offenen Curricula" von „didaktischer Handlungsorientierung" *(Baumann/Stapel)*[62]. Mit dem Begriff „Handlung" will man sich deutlich von dem behavioristisch verstandenen „Verhalten" absetzen. *Baumann* sieht die Hauptaufgabe des Unterrichtes darin, „Orientierungen für zukünftiges Handeln bereitzustellen" und als „Letzt-Ziel aller Curriculumreform: für die Curriculumarbeit bedeutet zukünftiges Handeln dabei zweierlei: einmal das unterrichtliche Handeln der Beteiligten, auf das hin alle Anstrengungen gerichtet sein sollen, und dies als Handeln, bei dem auch gelernt werden soll, auch außerhalb von Schule handlungsfähig zu sein"[63]. Curricula in diesem Sinne verstehen sich als Entwürfe und sind so „eher als Prozeß denn als Produkt anzusehen" *(Baumann)*[64]. Somit ist das Curriculum-Produkt – im Gegensatz zum „geschlossenen Curriculum" – erst am *Ende* des Unterrichtes entwickelt; es entsteht im Unterricht.

H. Siebert hat dies so dargestellt[65]:

geschlossenes Curriculum:

Curriculum-entwicklung → Curriculum-produkt → Curriculum-realisierung → Curriculum-evaluation

offenes Curriculum:

curriculare Vorarbeiten → Curriculum-Entwicklung / Lehr-Lernprozeß / Curriculum-Evaluation → Curriculum-produkt

In den „curricularen Vorarbeiten" wird berücksichtigt, „daß die konkreten Unterrichtssituationen nicht im Detail vorausgesagt und standardisiert werden können, daß Lernergebnisse selber nur bedingt planbar sind, daß die Lernenden an der Begründung und Auswahl ihrer Lernziele und Inhalte beteiligt werden müssen. Es werden keine – im Extremfall programmierten – Unterrichtsmaterialien erstellt, sondern es werden Problemsituationen beschrieben, wobei die Lösung der Probleme nicht in jedem Falle festgelegt ist.
Die Rollen des Lehrers und der Schüler verändern sich wesentlich: Die curricularen Unterrichtshilfen sind als Vorschläge und Angebote zu verstehen, die der Lehrer der Unterrichtssituation und den Lernvoraussetzungen der Schüler entsprechend modifizieren und konkretisieren muß" *(Siebert)*[66].
Für offene Curricula nennen *W. Sachs* und *Chr. Scheilke* folgende Argumente[67]:

1. Das strategische Argument: Die Teilnahme der Lehrer und Schüler an der Planung soll deren adäquaten Vollzug sicherstellen.
2. Das normative Argument: Emanzipation als kritischer Bildungsbegriff fördert eine Beteiligung der Betroffenen.
3. Das pragmatische Argument: Mit diesem Konzept lassen sich schneller Innovationen und Veränderungen der Unterrichtspraxis verwirklichen.
4. Das demokratische Argument einer Beteiligung aller Betroffenen.
5. Das didaktische Argument: Die Kompetenz und Erfahrungen der Lehrer werden optimal genutzt.

D Analyse des Beschlusses

Die Analyse will untersuchen, ob ein interaktionistischer Sozialisationsansatz im Beschluß vertreten wird, inwieweit der im Synodenpapier geforderte Religionsunterricht für das Globalziel der Schule, die Emanzipation des Schülers, einen Beitrag leistet, und ob das Konzept auf „offene Curricula“ angelegt ist.
Dabei wird von folgender Hypothese ausgegangen: Finden sich für *eines* dieser drei Kategorien keine Argumente im Beschluß, dann ist das Papier in sich pädagogisch nicht „stimmig“. Denn: Emanzipation erfordert Interaktion und keine Anpassung, und „offene Curricula“ fördern die Emanzipation; oder: Interaktion und „offene Curricula“ sind Voraussetzungen für das Ziel Emanzipation. Weiter wird am Anfang die Situationsbeschreibung und am Ende dieser ausführlichen Analyse die Auffassung von Konfessionalität und Religionslehrer analysiert, weil dies für das Gesamtverständnis notwendig erscheint.

I. ANALYSE DER SITUATIONSBESCHREIBUNG

Die gesamte Situationsbeschreibung ist von Offenheit und Ehrlichkeit bestimmt. Fehlentwicklungen und ihre eventuellen Gründe werden deutlich genannt.

So sieht die Synode die tiefste Ursache der schwierigen Situation in dem Spannungsverhältnis zwischen einem schulischen Unterricht, einer weltanschaulich pluralen und teilweise indifferenten Gesellschaft und einer Katechese, die gläubige Schüler voraussetzt und anstrebt. Dazu kommt noch, daß eine große Anzahl von konträren Zielvorstellungen für den Religionsunterricht in der innerkatholischen Diskussion sind.

Welche religionspädagogischen Richtungen sind hier gemeint, und wie kam es zu ihrer Bildung?

Dazu ist zunächst ein kurzer geschichtlicher Rückblick notwendig.

Die ersten Schulen waren Klosterschulen, die auf das Leben in der Mönchsgemeinschaft vorbereiten sollten; aber schon bald wurden auch solche Schüler aufgenommen, die nicht das Mönchsgelübde ablegen wollten *(Helmreich)*[1]. Aus diesen Schulen wurden später die Domschulen, die den Nachwuchs zum Domkapitel stellten und auch weltliche Studenten ausbildeten. *Karl der Große* hat später für alle Klöster und Domkapitel diese Einrichtungen verbindlich vorgeschrieben[2]. Dadurch wurde im Verhältnis Staat und Kirche ein für die Zukunft bedeutsamer Akt vollzogen. „Die staatliche Macht wirkt als verlängerter Arm der Kirche und schreibt als staatlich verpflichtend vor, was ursprünglich genuine Aufgabe der Kirche selbst ist" *(Baudler)*[3].

Als später dann von dem immer reicher werdenden Bürgertum die Lateinschulen gegründet wurden, waren auch diese von der Kirche abhängig, da die Kirche diese Gründungen jedesmal genehmigen mußte, etwa ein Drittel der eingehenden Schulgelder bekam und den Lehrplan bestimmte. Auch bei den „Lese- und Schreibschulen", den „Winkelschulen" und „Küsterschulen" war die Kirche bestimmend. Die Schule war die Sache der Kirche.

Neben der Vermittlung weltlichen Wissens wurde in erster Linie religiöse Bildung betrieben. Ziel war also Einweisung in das Leben der Kirche und Eingliederung in die Gemeinschaft der Gläubigen. Somit war schulischer Unterricht ursprünglich Katechese.

Bedingt durch die Französische Revolution, die Aufklärung und die dadurch einsetzende Säkularisierung kam die Schule im 18. Jahrhundert immer mehr in die Hand des Staates. Da sich die Gesellschaft nicht mehr kirchlich gebunden fühlte, hatte auch der Religionsunterricht seine Aufgabe als kirchliche Katechese verloren. Daraus entstand z.B. die Notwendigkeit des Konfirmandenunterrichts; man legte „großen Wert auf einen Unterricht, der weniger auf die Vermittlung dogmatischer Richtigkeit als auf die Bekehrung und Erbauung zielen sollte" *(Wegenast)*[4].

Das ergab für den Religionsunterricht eine neue Situation, und man suchte nach neuen Konzeptionen. *Feifel*[5] sieht Parallelen in der damaligen und heutigen Diskussion um den Religionsunterricht:

1. Es wurden nun stärker der Lernprozeß und die sich daraus notwendigerweise ergebenden Methoden betont,
2. auch in der Religion sollte das Kognitive seinen Platz haben, und man versuchte, sich der Religion mit Hilfe der Vernunft zu nähern,
3. konfessionelle Gegensätze sollten auf dem Boden der Toleranz abgebaut werden,

4. Bildung und Unterricht sollten eine Hilfe sein, den Menschen aus seiner „selbstverschuldeten Unmündigkeit" zu befreien, und
5. es ging um Sinn und Bedeutung des Menschen in der Welt.

„Die heutigen Bemühungen um eine Reform der Schule und des Religionsunterrichts bleiben eine bloße Neuauflage aufklärerischer Entwürfe, wenn und so lange sie nicht ausdrücklich in einer geschichtlichen Auseinandersetzung das bei aller Gleichheit Unterscheidende herauszustellen vermögen. Heute, da der Religionsunterricht sich weitgehend dem damals konzipierten Religionsunterricht annähert, gilt es, aus diesem damals begangenen Fehler die geschichtliche Lehre zu ziehen und zwischen eigenständigem schulischen Religionsunterricht und kirchlicher Katechese zu unterscheiden" *(Baudler)*[6].

In der Mitte des 19. Jahrhunderts wandte man sich im katholischen Bereich von den Ansätzen der Aufklärung ab und stellte wieder das „typisch Katholische" und das Verständnis der Scholastik heraus. Der Religionsunterricht wurde wieder zu einer Katechese, wobei der Schüler mit einem festgefügten Lehrgebäude der Kirche vertraut gemacht wurde, um gegen eine säkularisierte Welt religiös bestehen zu können; in dieser Zeit entstehen auch die ersten Katechismen für den schulischen Bedarf.

Dieses Verständnis von Religionsunterricht hat sich zum Teil bis heute noch gehalten. Es trat zwar zu Beginn des 20. Jahrhunderts eine geringe Wende ein, indem man nicht nur die Lehre, sondern auch das Kind sah, dem diese Lehre vermittelt werden sollte; aber die Grundtendenz blieb erhalten. Dies dürfte folgendes Beispiel klarmachen: Man versuchte, nicht nur die Inhalte, sondern auch die Unterrichtsmethoden vom Dogma her zu begründen. Als man mit der „Münchner Methode"[7] arbeitete, die sich auf *Herbart*s und *Ziller*s Formalstufen des Lernens stützte, versuchte man, diese Methode dogmatisch-theologisch zu begründen: diese Methode folge dem „Inkarnationsprinzip", indem nämlich „göttlicher Anruf" mit „menschlicher Bereitung" und „menschlicher Antwort" ganz eng zueinander in Beziehung gesetzt werde *(Goldbrunner)*[8].

Diese Auffassung von Religionsunterricht erlebte in der jüngsten Zeit (50er/60er Jahre) ihren Höhepunkt durch den „Kerygmatischen Religionsunterricht". Dabei bedeutet Religionsunterricht Anwesenheit der Kirche in der Schule. Die Liturgie wird zum zentralen Angelpunkt des gesamten Unterrichts gemacht, sie wird „zur gnadenhaften Mitte präsenter Heilsbegegnung und Heilsvermittlung" *(Holter)*[9]. „Ziel des Unterrichts ist die Ermöglichung einer gläubigen Existenz und der christliche Existenzvollzug des Schülers" *(Miller)*[10].

In den 60er Jahren trat die Bibel mehr in den Vordergrund, und im Religionsunterricht gewann die eigenständige Bibelkatechese breiten Raum.

In den folgenden Jahren setzte eine Flut von neuen Konzeptionen ein. Den Boden dazu schufen neue Erkenntnisse der Theologie und der Erziehungswissenschaft. Auf der theologischen Seite sind zu nennen: *K. Rahner* mit seiner „Anthropologisch gewendeten Theologie", *P. Tillich* mit seinem weiten, weltoffenen Religionsbegriff und *D. Sölle* und *J. B. Metz* mit ihrer „Politischen Theologie". Von der erziehungswissenschaftlichen Seite wirkten sich aus: die Lerntheoretische Didaktik der Berliner Schule, die Bildungstheoretische Didaktik, die Curriculum-Theorie und die Informationstheoretische Didaktik.

Interessant hierbei ist, daß sowohl auf evangelischer wie auch auf katholischer Seite zur selben Zeit gleiche Konzepte entstanden. Die sechs bedeutendsten seien hier vorgestellt *(Miller; Heintz/Kaldewey; Kreis)*[11], weil heutiges Verständnis von Religionsunterricht eine Integration und Weiterentwicklung aller dieser Ansätze darstellt.

1. Hermeneutischer Religionsunterricht
(1966/68; Vertreter: *M. Stallmann, G. Otto, H. Halbfas*)

Dieser Unterricht will die Fähigkeit einüben, auf dem Wege historisch-kritischer Interpretation biblische Texte in die heutige Sprache umzusetzen und zum anderen, in diesen Texten den Hinweis auf die kirchliche Verkündigung zu finden. Das Medium Sprache spielte hierbei die entscheidende Rolle. Ziel ist einerseits Verstehen des Glaubens und andererseits das Sich-Selbst-Verstehen unter dem Anspruch des Glaubens aufgrund der Auslegung von Texten durch die Sprache. Dieser Ansatz steht unter dem Einfluß der Bildungstheoretischen Didaktik, wobei die Aufgabe der Schule als Einführung in die gegenwärtige Welt durch Auslegung der Überlieferung gesehen wird.

2. Problemorientierter Religionsunterricht
(1968/70; Vertreter: *H. B. Kaufmann, K. E. Nipkow*)

Die Begründung des Religionsunterrichtes wird hier im Schnittpunkt von Theologie und Pädagogik gefunden. Es geht dabei darum, die Relevanz des christlichen Glaubens für die Lebenswirklichkeit zu entdecken. Dabei bleiben biblische Tradition und Theologie erste Norm, jedoch vermittelt mit pädagogischen Anforderungen. Die Pädagogik ist Anwalt der Schülerbedürfnisse und gibt die profanen Themen an. Die so begründete Auffassung von Religionsunterricht bezeichnet man mit Konvergenz-Modell.
Dieser Ansatz spielt im Synodenpapier – wie später gezeigt wird – über das Verständnis über das Zusammenwirken von Theologie und Pädagogik eine wichtige Rolle.

3. Unterricht in Religion
(1969/70; Vertreter: *H. Halbfas, W. G. Esser, S. Vierzig*)

Nicht nur die Beantwortung von spezifisch christlichen Glaubensfragen ist Ziel dieses Religionsunterrichtes, sondern es geht um die Erschließung der ganzen Wirklichkeit, um deren religiöse Dimension. Dabei ist der Religionsbegriff, wie er von *P. Tillich* dargelegt wurde, entscheidend für diese Richtung. *Tillich* beklagt[12], „daß der Mensch die Antwort auf die Frage nach dem Sinn seines Lebens verloren hat, die Frage danach, woher er kommt, wohin er geht, was er tut und was er aus sich machen soll in der kurzen Spanne zwischen Geburt und Tod". Religiös sein bedeutet für ihn „leidenschaftlich nach dem Sinn unseres Lebens fragen und für Antworten offen sein, auch wenn sie uns tief erschüttern. Religion als Tiefendimension ist nicht der Glaube an die Existenz von Göttern, auch nicht an die Existenz eines einzigen Gottes. Sie besteht nicht in Handlungen und Einrichtungen, in denen sich die Verbindung des Menschen mit seinem Gott darstellt. Niemand kann bestreiten, daß die geschichtlichen Religionen ‚Religion' in diesem Sinne sind. Aber Religion in ihrem wahren Wesen ist mehr als Religion in diesem Sinne: Sie ist das Sein des Menschen, sofern es ihm um den Sinn seines und des Daseins überhaupt geht"[13]. In seinem Aufsatz „Religion als eine Funktion des menschlichen Geistes" bezeichnet er Religion „im weitesten Sinne des Wortes das, was uns unbedingt angeht"[14].

Diese theologische Aussage wird nun mit einer pädagogischen Zielvorstellung verbunden, nämlich mit der Emanzipation. Dabei soll Religionsunterricht dazu beitragen, einerseits dem Schüler zur Mündigkeit auf dem Gebiet der Religion zu verhelfen und andererseits zu zeigen, welchen Beitrag religiöses Denken, Fragen, Verhalten zur Mündigkeit und Selbstbestimmung des Menschen in allen Dimensionen und Bereiche seines Lebens leisten kann. Somit wird Religionsunterricht vom Gesamtziel her ein curricular begründetes Schulfach.

4. Lernzielorientierter Religionsunterricht
(1970; Vertreter: *G. Stachel, S. Vierzig, H. Heinemann*)

Durch die Beschäftigung mit der Curriculum-Theorie kommt es im religionspädagogischen Raum zu einer ausgedehnten Zieldiskussion. Unter dem Einfluß *R. F. Magers* entsteht zwischenzeitlich ein engeres Lernzielverständnis; Ergebnis sind – bedingt durch den Willen zum Operationalisieren – Entwürfe mit oft gängelnden Zielvorgaben, vornehmlich in kognitiven Bereich.

5. Therapeutischer Religionsunterricht
(1970; Vertreter: *D. Stoodt*)

Hierbei wird nicht von der Bibel ausgegangen, sondern die menschlichen Probleme sollen im Sozialisationsprozeß aufgearbeitet werden mit Hilfe biblischer Tradition. Organisationsform ist die Kleingruppe, die mit gruppendynamischen Verfahren arbeitet, wobei Bibel und Tradition der Anthropogenese dienen. Religionsunterricht dient der Therapie von Fehlentwicklungen, besonders im emotionalen Bereich. Ziel ist die Emanzipation als Ichstärkung.
Diese Richtung dürfte eindeutig als Gegen-Position zu einem damaligen Curriculum-Trend mit einengenden, kognitiven Zielen entstanden sein.

6. Sozialkritischer Religionsunterricht
(1972; Vertreter: *S. Vierzig, G. Otto, H. Halbfas*)

In einem allgemeinen, konfessionsfreien Unterricht soll hier über den Zusammenhang von Religion und Gesellschaft reflektiert werden. Alle Gesellschaftswissenschaften, die zur Analyse dieses Zusammenhanges etwas beitragen können, sind dabei gefragt; dabei ist Theologie lediglich neben den anderen Wissenschaften ein Zubringer. Man beruft sich auf die Religionskritik von *Marx* und *Freud*; Emanzipation bedeutet Veränderung der gesellschaftlichen Verhältnisse. Alle Wissenschaften sind dem gesellschaftstheoretischen Ansatz untergeordnet.
Ein solches Verständnis von Religionsunterricht liegt genau in der Richtung der Auffassung einer „Politischen Theologie". *J. B. Metz* schreibt: „Ich verstehe politische Theologie einmal als kritisches Korrektiv gegenüber einer extremen Privatisierungstendenz gegenwärtiger Theologie. Ich verstehe sie gleichzeitig positiv als Versuch, die eschatologische Botschaft unter den Bedingungen unserer gegenwärtigen Gesellschaft zu formulieren"[15]. Ganz hart mit ihrer Kritik wird *Dorothee Sölle*: „Jeder Versuch, die christliche Verkündigung von die-

sen Vermittlungen des Menschen mit seiner Gesellschaft freizuhalten, führt – zwar nicht zur Häresie, das Risiko bleibt den Christen, die geistliche und gesellschaftliche Existenz vermitteln, überlassen – aber zur glaubens- und kerngemeinde-immanenten Langeweile, zum theologischen *l'art-pour-l'art* Spiel, zum totalen ‚reinen' sogenannten proprium des Glaubens, das sich teils im theologischen Fachjargon, teils in der für uns erbaulich wirkenden Sprache des 16. Jahrhunderts darstellt, kurz zur reinen, weil basis- und praxislosen Ideologie"[16].

Wie sollen sich Kirche, Lehrer, Schüler und Eltern bei dieser Vielzahl von Richtungen noch zurechtfinden? Jede neue theologische Richtung und jeder neue didaktische Ansatz in der Erziehungswissenschaft ergaben sofort ein neues religionspädagogisches Konzept. In diesem Sinne schreibt *J. Wössner:* „Eine Analyse gegenwärtiger Religionspädagogik zeigt, daß ein unreflektierter Eklektizismus vorliegt: ‚ein bißchen Religion' im Sinne von religionswissenschaftlich-religionssoziologischer Religiosität, ‚ein bißchen' christliche Inhalte – soweit sie noch einigermaßen kommunikal sind –, ‚ein bißchen' Motivation für Gesellschaftskritik – diese Mischung ergibt ‚Religionspädagogik'" *(Wössner)*[17].
Den von *D. Sölle* am Schluß ihrer Ausführungen gemachte Vorwurf, sieht auch das Synodenpapier als berechtigte Kritik an. Es schreibt unter 1.1.1, daß die Schüler den Religionsunterricht als Stilbruch im Raum der Schule empfinden. Leicht kann es zur Bildung eines „Religionsstunden-Ichs" kommen, das sich während dieses Unterrichts in einer Sonderwelt bewegt und schablonierte Antworten von sich gibt. Wenn der Lehrer versucht, in den Glauben und in das Leben der Kirche einzuweisen und einzuüben, so ist es oft, wie wenn er zu Blinden von Farbe spricht.
Was ist damit gemeint?
Der Religionsunterricht ging bisher nicht von der Erfahrungswelt der Kinder aus, sondern von der theologischen Systematik.
Eine solche Auffassung „setzte die Zuordnung der Heilswahrheiten nach Art einer wohlgefügten Ideenwelt an, die unberührt in sich steht und als ideale Wahrheit normativ die Ausrichtung der Erkenntnis und des Willens des Menschen auf sich verlangte" *(Lehmann)*[18].
„Unberührt ist diese systematisch ausgefaltete Offenbarungslehre vor allem von der menschlichen Geschichte, ihren kontigenten Wandlungen in den Zeitaltern und Menschentümern, ihren Transformationen von Denkformen und Sehweisen; und dies ist ein ausdrücklich von solcher Theologie festgehaltenes und hervorgehobenes Charakteristikum der göttlichen Offenbarungswahrheit, das ihre universale Gültigkeit und ewige Beständigkeit begründet. Insofern die übernatürlichen Belehrungen der Offenbarung einer freien, grundlos und unerzwingbaren Gnadeninitiative Gottes entspringen, treten sie wie ‚von außen' her an den Menschen heran, der ihnen von seiner Natur aus nichts als eine passive Empfänglichkeit entgegenbringt." *(Schulte)*[19].
Ein solches Verständnis von Offenbarung hat natürlich Konsequenzen für den Religionsunterricht. Dieser Unterricht will in erster Linie ein Wahrheitssystem vermitteln, die Kinder an den Glauben und die kirchlich-sakramentale Lebensordnung heranführen. Die Probleme, Fragen, kritische Zweifel und Erfahrungen des Schülers werden sekundär. Der Schüler ist in erster Linie Adressat, „der von dem Offenbarungsgut getroffen, gerufen, gerichtet und erlöst werden soll" *(Schulte)*[20].
Die Folge war, daß eine doppelte Welt aufgebaut wurde: neben der Erfahrungswelt der Kinder eine Welt der Kirche, wobei sehr oft die Verbindung beider Welten fehlte. Deshalb sagt

das Synodenbekenntnis „Unsere Hoffnung" in seiner Einleitung mit Recht, „daß das Christentum nur noch mit verbrauchten Worten und Formen den Fragen und Ängsten, den Konflikten und Hoffnungen in unserer Lebenswelt, der mühsam verdeckten Sinnlosigkeit unseres sterblichen Lebens antwortet"[21].
Die Folge war, daß sich viele Schüler vom Religionsunterricht abmeldeten. Dazu drei Untersuchungen:
1. Eine Münchener Analyse im Jahre 1970: 10% der Schüler machen von der Abmeldung des Religionsunterrichts gebrauch *(Havers)*[22].
2. In Hessen 1972: etwa 60% der über 14jährigen Schüler nehmen noch am Religionsunterricht teil *(Beckmann)*[23].
3. Leverkusen: Sekundarstufe, Gymnasium:

	Abmeldequote	davon katholisch
1970	10,1%	3%
1971/72	12 %	4%
1973	18,4%	6%
		(Ader)[24]

Es mußte eine Neuorientierung einsetzen. Ein im wesentlichen theologisch bestimmter Religionsunterricht war mehr oder weniger der verlängerte Arm der Kirche in der Schule und war für im Glauben angefochtene und glaubensunwillige Schüler uninteressant. Zwar gab es schon das Konvergenzmodell, und alle religionspädagogischen Neuansätze waren von der Erziehungswissenschaft mitgeprägt, aber die Bedeutung der Pädagogik mit dem Schüler und seinen Problemen im Mittelpunkt war noch nicht von offizieller Seite in ihrer vollen Bedeutung in das Verständnis von Religionsunterricht eingebaut worden.
Diesen Schritt sollte die Synode vollziehen. Und so macht sie schon im Situationsteil (1.4) eine klare Trennung von Religionsunterricht und Katechese: Die Synode unterscheidet zwischen schulischem Religionsunterricht und Katechese in der Gemeinde und hält beide für unerläßlich.
Der zukünftige Religionsunterricht soll in der Schnittlinie von pädagogischen und theologischen Begründungen, Auftrag der öffentlichen Schule und Auftrag der Kirche liegen (2.1 und 1.)

II. SOZIALISATION – SYNODENPAPIER

1. Religiöse Sozialisation

Der Mensch lernt durch die Sozialisation, die in seiner Gruppe gültigen Normen zu übernehmen. „In jeder Kollektiveinheit sind Wertvorstellungen wirksam, welche das Verhalten der Gruppenmitglieder, ihr Tun und Lassen motivieren und ein für die Integration der Gruppe unentbehrliches Ferment bilden. Die Fähigkeit des Wertens und des Ansprechens auf Werte ist dem Menschen angeboren, die Maßstäbe für das Werten und Abwägen dagegen werden durch Erziehung und Erfahrung erlernt. Diese Wertmaßstäbe, oft Grundwerte oder letzte Werte oder schlechthin Werte benannt, sind Grundüberzeugungen und Glaubenswahrheiten. Obwohl ihre Richtigkeit rational nicht beweisbar ist, werden sie trotzdem als verbindlich postuliert und anerkannt und dienen deshalb als regulative Ideen (Ideale, Standards), sowohl für abstrakte Regeln in der Form von Maximen oder Normen der Religion, der Moral, der Sitte, des Rechts, an welchen die Menschen ihr Verhalten und Gebaren faktisch orientieren oder normativ orientieren sollen, als auch für konkrete Urteile (Entscheidungen, Erkenntnisse) über die auf den vorausgesetzten Wert bezogene Angemessenheit oder Unangemessenheit einer menschlichen Handlung oder Unterlassung“ *(Hirsch)*[1].

Jede Religion hat solche Wertvorstellungen, die sie weitergeben möchte. Deshalb muß sie sich – sowohl aus ihrem Sendungsbewußtsein heraus als auch, um überhaupt zu überleben, – aktiv an der Sozialisation des Menschen beteiligen.

„Genauso wie die allgemeinen kulturellen Wertsysteme, Normen und Symbole und die allgemeinen wertorientierten Verhaltensformen müssen auch die spezifisch kirchlich-religiösen durch die verschiedenen Sozialisationsträger der Gesellschaft an das Individuum vermittelt, im Laufe des Sozialisationsprozesses erlernt und internalisiert werden. Ohne Übermittlung der einer Religion zugrundeliegenden Werte, Normen und Symbole durch die ‚Agenten‘ der Sozialisation – seien es Individuen, Gruppen oder Institutionen – wird der Fortbestand dieser bestehenden Religion in Frage gestellt“ *(Vaskovics)*[2].

Danach wäre Aufgabe der Religion, den Menschen zu einem gegenüber Normen verantwortlichen Handeln zu führen, ihn also zu befähigen, sittlich gut zu handeln. Dabei spielt der Begriff der Freiheit eine wesentliche Rolle: Der Mensch muß die Möglichkeit haben, sich für oder gegen die Normen aussprechen zu können. Nicht irgendeine Gruppe oder die Gesellschaft ist letztlich verantwortlich für sein Handeln, sondern er als Individuum mit seinem „Ich“, mit seinem „Selbst“. Mit dem Ausdruck „Selbst“ ist „nichts Geheimnisvolles gemeint. Er bedeutet lediglich, daß ein Mensch Gegenstand seiner eigenen Handlung sein kann“ *(Blumer)*[3].

Dabei muß sich eine Person von außerhalb ihrer selbst betrachten können. „Man kann dies nur, indem man sich in die Position anderer hineinversetzt und von dieser Position aus sich selbst betrachtet oder in bezug auf sich selbst handelt“[4]. Dadurch, daß der Mensch ein Selbst hat, kann er mit sich selbst interagieren. Er kann sich als eine Person ansprechen und auf sich als Person antworten. Der Mensch, „der eine Interaktion mit sich selbst eingeht, ist nicht ein reaktiver, sondern ein handelnder Organismus – ein Organismus, der auf der Grundlage dessen, was er in Betracht zieht, eine Handlung ausformen muß, anstatt nur eine Reaktion auf das Einwirken einiger Faktoren auf seine Organisation freizusetzen“ *(Blumer)*[5].

Inwieweit ein Mensch lernt, sich sittlichen Problemen gegenüber eigenständig zu verhalten, hängt von seiner Ich-Stärke ab. Jedoch ist Ich-Identität nicht von Geburt an schon im Menschen vorhanden, sondern sie entwickelt sich nach *G. H. Mead* vielmehr „innerhalb des gesellschaftlichen Erfahrungs- und Tätigkeitsprozesses, d.h. im jeweiligen Individuum als Ergebnis seiner Beziehungen zu diesem Prozeß als ganzem und zu anderen Individuen innerhalb dieses Prozesses“[6].
Religiöse Sozialisation hätte damit eine zweifache Aufgabe: sie muß Normen vermitteln und dabei die Möglichkeit beachten, daß sich eine Ich-Identität des Individuums entwickeln kann. Da der Religionsunterricht einen Sozialisationsagenten darstellt, bei dem Religion, Theologie, Kirche, Lehrer und Schüler in eine Interaktion treten, muß er sich fragen, durch welche Sozialisationstheorie diese Doppelfunktion gewährleistet scheint.

2. Typologisierung der verschiedenen Sozialisationstheorien

Christoph Morgenthaler setzt sich kritisch mit der Frage auseinander, welche Gefahr besteht, wenn einzelne Sozialisationstheorien unreflektiert von der Religionspädagogik übernommen werden. Es könnten dabei folgende Fehler gemacht werden[7].
– „Erkenntnisse werden von Stufe zu Stufe vereinfacht. Relevante Variablen werden dabei leicht übersehen, isolierte oder neue Befunde überbewertet und die Rezeption an einem zufälligen Punkt abgebrochen.
– Hypothesen, die unter ursprünglichen Untersuchungsbedingungen nicht falsifiziert werden konnten, werden unter der Hand zum gesicherten Wissensbestand, ‚versteinern‘, ‚refizieren‘ sich. Sozialisationsforschung erscheint dann als einheitlicher Wissensbereich.“
Deshalb schlägt er vor, die verschiedenen Sozialisationstheorien zu typologisieren. Als Kriterien der Aufstellung solcher Typologien legt er folgende Frage zugrunde: Was verstehen die einzelnen Theorien unter Individuum, Gesellschaft, Religion und unter Sozialisation. Damit bietet er eine hervorragende Vergleichs- und Entscheidungshilfe an. Nach seiner Auffassung kann man alle Sozialisationstheorien unter vier Grund-Theorien zusammenfassen[8]: individualorientierte[9], gesellschaftsorientierte[10], interaktionistische[11] und historisch-materialistische Theorien[12].

„1. Individualorientierte Theorien

– Individuelles erklärt sich aus Individuellem. Es ist der Mensch, der seine Welt im Innersten zusammenhält. Sein Verhalten ist Ausdruck innerer, natürlicher Ursachen.
– Gesellschaftliche Zustände lassen sich aus anthropologischen Konstanten ableiten. Ihre Natürlichkeit entspricht der Natürlichkeit des Menschen. Wenn sie sich von ihren individuellen Grundlagen lösen, werden sie für den einzelnen zur Zwangsjacke, die er immer wieder abzustreifen versuchen muß.
– In der Sozialisation entfalten sich die im einzelnen angelegten Fähigkeiten in regelmäßigen Abläufen und werden Umwelteinflüsse aufgrund bereits ausgebildeter individueller Strukturen angeeignet.
– Religion entsteht im einzelnen Menschen. Als Institution ist sie aus diesem individuellen Ursprung abgeleitet. Als christliche Religion hat sie sich weitgehend von ihren natürlichen individuellen Ursprüngen gelöst und gegen den Menschen gerichtet.

2. Gesellschaftsorientierte Theorien

– Individuelles läßt sich ganz aus gesellschaftlichen Zuständen ableiten. Das Natürliche am Menschen ist eine beliebig formbare Größe. Unterschiede zwischen Menschen erklären sich aus Unterschieden in Umwelt und Lernschicksalen. Handlungen entspringen äußeren Reizen und Situationen.
– Gesellschaftliches erklärt sich aus Gesellschaftlichem. Es ist hierarchisch in Systemen geordnet, die sich im Gleichgewicht zu erhalten suchen, im Innern stets differenzieren und gegen außen abgrenzen. Dem Menschen muß die Gesellschaft „mores" lehren, weil dieser sich sonst selber zerstören würde. Die Integration ins System erhält ihn am Leben.
– Sozialisation ist ein einseitiger Prozeß, in dem Agenturen der Gesellschaft dem einzelnen jenen Charakter, jene Normen und Werte aufprägen, die seine Integration ins System auf Dauer herstellen.
– Religion ist in gesellschaftlichen Strukturen verankert, dient der Systemintegration und ist selbst als gesellschaftliches Subsystem organisiert, das sich erneuert, indem es Gesellschaftsgruppen in seinem Sinn sozialisiert.

3. Interaktionistische Theorien

– Gesellschaftliche Wirklichkeit wird in einem unabschließbaren Prozeß im Alltag produziert, indem gesellschaftliche Strukturen vom einzelnen angeeignet werden und dieser selbst als strukturiertes Wesen seine Umwelt gestaltet.
– Gesellschaft gibt es deshalb nicht „an sich", sondern nur in Milliarden von Interaktionen, in denen Menschen täglich handeln. Diese folgen zwar typischen Mustern. Das berechtigt auch die Rede von Gesellschaftsstrukturen. Trotzdem bestehen diese nur kraft des sie tragenden Interaktionsprozesses.
– Menschen sind zu rationalem Handeln fähig, können Situationen angemessen einschätzen, Pläne verwirklichen und eigene Bedürfnisse so befriedigen, daß das subtile Gleichgewicht des Gebens und Nehmens nicht zerstört wird. Handlungskompetenzen sind zu einem unverwechselbaren Ganzen in der Identität integriert, die sich in sich selbst wiederum ausbalanciert und Zeit und Raum überbrückt.
– Sozialisation vollzieht sich in der Begegnung mit bedeutsamen anderen in einem lebenslangen, zweiseitigen, dialektischen Prozeß und vermittelt dem einzelnen jene bewegliche Rationalität, die ihn zum Handeln in verschiedensten Situationen befähigt.
– Religion entspringt Handlungsproblemen und wirkt auf Handlungsprobleme zurück. In Form umfassender gesellschaftlicher Sinnwelten verbindet sie jene situativen „Sinnprovinzen", durch die wir alle Tage eilen, und verleiht ihnen eine nicht hinterfragbare Gültigkeit.

4. Historisch-materialistische Theorien

– Der Gegensatz von Individuum und Gesellschaft ist nicht primär, sondern wird aus einem weitaus tieferen Gegensatz abgeleitet, in dem sich die Gesellschaft mit sich selbst befindet.
– In der Gesellschaft haben sich Menschen im Kampf mit der Natur zusammengeschlossen, um ihr Überleben gemeinsam zu sichern. Im Laufe der Geschichte haben sich dabei innerhalb der Gesellschaft Gegensätze zwischen Klassen entwickelt, die sich in Macht- und Eigentumsverhältnissen niederschlagen und die jeweiligen Lebensverhältnisse bestimmen. Im revolutionären Wandel werden diese Gegensätze unter der Diktatur des Proletariats abgebaut,

die kapitalistische Verdinglichung von Arbeit, Interaktion und Kommunikation aufgebrochen und der Mensch wieder zum Herr seiner Geschichte gemacht.
– Der einzelne ist immer auf dem Hintergrund der Gesellschaftsverhältnisse und seiner konkreten Teilhabe am Produktionsprozeß zu verstehen. Er ist Angehöriger einer Klasse oder schon Glied der klassenlosen Gesellschaft. Beides prägt ihn zum Guten oder Schlechten bis in sein innerstes Wesen. Dialektisch ist er trotz der objektiven Determiniertheit gerade durch sie hindurch handlungsfähig.
– Sozialisation vollzieht sich deshalb dialektisch innerhalb der gesellschaftlichen Verhältnisse. In ihr werden den Erfordernissen der ökonomischen Organisation angepaßte Persönlichkeitstypen geprägt und entwickelt sich auch die Fähigkeit des Menschen, innerhalb einer übergreifenden gesellschaftlichen Dynamik aktiv zu werden.
– Religion erklärt sich in kapitalistischen Staaten aus der Notwendigkeit einer Verschleierung gegensätzlicher Interessen gesellschaftlicher Klassen. Sie dient der Legitimierung der Herrschaft der Bourgeoisie, enthält aber zugleich Proteste gegen das Elend entfremdeter Lebensbedingungen. Weil in sozialistischen Staaten der Klassencharakter von Gesellschaft abgeschafft ist, verliert die Religion ihre objektiven Voraussetzungen und verschwindet sie allmählich."

3. Sozialisationsverständnis des Synodenpapiers

Welchem Theorientyp könnte man das im Synodenpapier grundgelegte Sozialisationsverständnis zuordnen?
Durch folgende vier Stellen aus dem Synodenpapier wird die Grundhaltung schon klar:

2.3.2
„Solche Traditionen fordern heraus; denn in manchen religiösen Antwortversuchen stecken beunruhigende Fragen, die dazu beitragen können, die Fragwürdigkeit des eigenen Lebens, der Gesellschaft und der Welt in den Blick zu bekommen. Durch die Beschäftigung mit ihnen können Scheinsicherheiten aufgebrochen und tragfähige Positionen gewonnen werden."

2.3.4
„Es muß demnach Religionsunterricht in der Schule geben
– weil die Schule den jungen Menschen mit den geistigen Überlieferungen vertraut machen soll, die unsere kulturelle Situation geprägt haben, und weil Christentum in seinen Konfessionen zu unseren prägenden geistigen Überlieferungen gehört;
– weil die Schule dem jungen Menschen zur Selbstwerdung verhelfen soll, und weil der Religionsunterricht durch sein Fragen nach dem Sinn–Grund dazu hilft, eigene Rolle und Aufgabe in der Gemeinschaft und im Leben angemessen zu sehen und wahrzunehmen;
– weil die Schule sich nicht zufrieden geben kann mit der Anpassung des Schülers an die verwaltete Welt, und weil der Religionsunterrricht auf die Relativierung unberechtigter Absolutheitsansprüche angelegt ist, auf Proteste gegen Unstimmigkeiten und auf verändernde Taten."

2.4.4
„Weil Evangelium Befreiung bedeutet, darf trotz des dringenden Ernstes der Botschaft die unterrichtiiche Vermittlung nichts von Manipulation an sich haben. Zwar geht der Weg des Menschen zur Selbstbestimmung immer über Fremdbestimmung; Erziehung geschieht durch

‚Vorgabe'. Gerade deshalb aber muß der Erzieher wissen, daß er niemanden in Dingen des Glaubens zwingen darf. Er muß im Gegenteil mit Entschiedenheit den Menschen auf seine freie Entscheidung hin ansprechen."

2.8.6
„Ein Religionslehrer, der sich mit der befreienden Botschaft des Evangeliums identifiziert, wird nicht nur die personale Freiheit der Schüler vollauf respektieren, sondern auch bereit sein, sich von ihren Erfahrungen in Frage stellen zu lassen."

Daraus wird folgendes Konzept des Religionsunterrichtes sichtbar:
Der junge Mensch wird durch Sozialisation an die ‚verwaltete Gesellschaft' angepaßt. Dabei kann der Religionsunterricht
– Verständnis für die Überlieferung wecken,
– dem Jugendlichen bei seiner Selbstwerdung helfen, und zwar dadurch, daß er echte Fragen stellt und ‚in Frage stellt',
– dem Sozialisations-Trend entgegenarbeiten und von Rollen und Zwängen der Gesellschaft befreien.

Demnach kommt dieses Konzept – nach der Typologisierung *Morgenthaler*s – eindeutig dem interaktionistischen Theorienverständnis gleich.
Wie soll nach dem interaktionistischen Sozialisationsverständnis Religionsunterricht und damit ethische und religiöse Erziehung in der Praxis aussehen?
Moralisches und ethisches Verhalten darf nicht befohlen, sondern soll von den Erziehern begründet werden.
Im Religionsunterricht, wo Lehrer und Schüler mit einer Unzahl von verschiedenen Erwartungen und Normvorstellungen aufeinandertreffen, muß die Möglichkeit zur eigenen Interpretation der Situation gegeben werden.
Um moralisch handeln zu können, benötigt der Mensch ein Gewissen. *Nipkow* fragt: „Wie kann ein fester und zugleich entwicklungsoffener Standort erreicht werden? Wie ein die eigene Identität stützendes und doch nicht starres Gewissen, das fähig ist, auf die unterschiedlichen Herausforderungen angemessen zu antworten?"[13]. Dies geschieht dadurch, daß das Kleinkind und der Schüler lernen, über die Normen zu reflektieren, sie zu interpretieren und sich dann entsprechend zu verhalten.
Der Schüler muß die Fähigkeit bekommen, unter den Anforderungen der verschiedenen Normen auszuwählen, sie eventuell abzulehnen oder zu modifizieren; er muß also die Fähigkeit der *Rollendistanz* erlernen, die besagt, daß jemand, wenn er geltende Normen verinnerlicht hat, trotzdem fähig ist, – unter Abwägung der aktuellen Situation und der Identitätsansprüche seiner Interaktionspartner – in der momentanen Lage diese Norm sinnvoll zu interpretieren und damit auch abweichendes Verhalten zu zeigen.
Ebenso wichtig für die Schüler ist *Empathie*, was die Fähigkeit bedeutet, daß – da relevante Normen von den Interaktionspartnern nicht in gleicher Weise interpretiert werden – Lehrer und Schüler durch soziale Sensibilität aufeinander eingehen, indem sie sich in die Lage des Interaktionspartners versetzen. Dadurch wird gelernt, Reaktionsweisen des anderen zu berücksichtigen. *Nipkow* schreibt dazu: „Empathie ist für ein Lern- und Erziehungskonzept in christlicher Sicht zentral. Diese Fähigkeit ist aber auch dann notwendig, wenn man die Erwartungen und Auffassungen des anderen als so unvereinbar mit den eigenen erkennt, daß man sich zur kritischen Distanz genötigt sieht. Denn die distanzierende Reaktion soll ja begründet und unter Respektierung des anderen erfolgen, nicht indem man den anderen

einfach übergeht, sondern nachdem man sein Verhalten und seine Ansprüche zunächst genau kennenzulernen versucht hat. Empathie ist nicht nur ein Einfühlungsvermögen, sondern zugleich eine Unterscheidungsfähigkeit"[14].
Bedeutend für den Aufbau und das Erhalten von Ich-Identität ist die *Ambiguitätstoleranz*, d.h., da eigene Bedürfnisse und die Erwartung anderer nie zur vollen Deckung gebracht werden können, muß das Individuum lernen, innerhalb des Interaktionsprozesses Spannungen auszuhalten. Es muß also geübt werden, sich ohne volle Bedürfnisbefriedigung an einer Interaktion zu beteiligen.
Weiter soll Religionsunterricht *kommunikative Kompetenz* vermitteln, d.h. die Fähigkeit besitzen, das momentan anstehende Interaktionsproblem mit der eigenen Sprache genau darzustellen und damit eigene Identität zu akzentuieren.
Die Ausbildung von Identität „als Balance zwischen ihrer sozialen und personalen Dimension ist zugleich die Bildung eines Bedeutsamkeits-Horizontes, innerhalb dessen das Individuum im Rahmen der Gruppen, denen es zugehört, Probleme und Inhalte gewichtet, und damit konkrete Lernperspektiven erwirbt" *(Mollenhauer)*[15]. Die Rolle des Lehrers ist für das Zustandekommen eines solchen „Bedeutsamkeits-Horizontes" von großer Wichtigkeit. „Wenn es stimmt, daß immer dort, wo Lernerwartungen entstehen bzw. an Individuen gerichtet werden, die Identität der Interaktionspartner zur Debatte steht, muß auch der Religionslehrer lernen, seine eigene Identität als ‚Fließ-Gleichgewicht' zu interpretieren. Durch die Interaktion mit den Schülern wird seine eigene Identität ebenfalls interpretiert, in Frage gestellt, verstärkt oder modifiziert. Dies heißt aber nicht, daß er die Normen, von denen er überzeugt ist, den anderen Interpretationen des Schülers opfern muß. Eine Interaktion ist auch dann gelungen, wenn die Schüler und der Lehrer lernen, sich in die jeweils gegensätzliche Position ‚empathisch' hineinzuversetzen. Damit sind mehr Argumente für eine Interpretation geliefert, als wenn der Lehrer sich den Vorstellungen seiner Schüler opportunistisch anpaßt." *(Biesinger)*[16]. Liest man unter diesem interaktionistischen Sozialisationsverständnis mit dem Ziel der Stärkung der Ich-Identität das Synodenpapier, so könnte man fast jeden zweiten Satz von 2.3.2 bis 2.5.4 und unter 2.8 als Beweis dafür anführen, daß die Synode einen Religionsunterricht nur in einer so verstandenen Interaktion für sinnvoll erachtet.
Hier seien nur einige aufgeführt:

2.3.2
Die Bewältigung der gegebenen Situationen, Erfahrungen und Bestimmtheiten „ist nur möglich, wenn der Schüler zugleich mit der Zunahme seiner Einzelkenntnisse gelernt hat, wissend und wertend, problembewußt und *seiner selbst* bewußt, sich der Herausforderung solcher Situationen zu stellen, ihren Frage- und Anrufcharakter überhaupt wahrzunehmen und zu artikulieren und sich einer ausdrücklichen Antwort nicht zu entziehen".

2.4.2
Der Mensch als Partner Gottes „entdeckt bei der Suche nach seiner Identität neue Antworten auf die Fragen: Wer bin ich? Welche Rolle habe ich?" (. . .)

2.5.1
„Dem sich als ungläubig betrachtenden Schüler (. . .) ist im Religionsunterricht Gelegenheit gegeben, durch die Auseinandersetzung mit der Gegenposition den eigenen Standort klarer zu erkennen oder auch zu revidieren."

Dies gipfelt unter 2.5.2 in der Aussage: „Ob diese beiden Formen (gelebtes Leben und Anspruch des Glaubens) dem Zielspektrum entsprechend angewandt worden sind, muß sich darin erweisen, daß sie der *Identitätsstärkung* der Schüler dienen, ihnen eine Orientierungshilfe zur Glaubensentscheidung und zur Lebensführung vermitteln und sie zu kritischem Einsatz für die Gesellschaft motivieren."

Ein so verstandener Religionsunterricht hilft mit, *Voraussetzungen* für sittlich verantwortliches Handeln zu schaffen; aber eben nur Voraussetzung. Denn all das, was kognitiv erkannt wurde, bietet noch keine Garantie, daß der Mensch in der konkreten Situation auch sittlich gut handelt. Das Kind und der Jugendliche müssen Gelegenheit bekommen, diese neuen Erkenntnisse zu erproben, damit sie zu Haltungen werden.
Hilfreich bei der Festigung neuer Einstellungen sind gleichgesinnte Gruppen. Hier hat nun wieder die Katechese ihre Aufgabe, um durch Gemeinde, Gruppen oder Familie einzuwirken. Somit sind Religionsunterricht und Katechese unabdingbar miteinander verbunden, wenn man nicht Gefahr laufen will, daß das, was der Religionsunterricht erreichen möchte, nur von kurzer Dauer ist, weil keine „Verstärkung" *(reinforcement)* erfolgt.
Außerschulische Katechese und Religionsunterricht gehören unabdingbar zusammen, wenn Religionsunterricht nicht nur das Wissensreservoir für intellektuelle Streitgespräche liefern, sondern helfen soll, kognitive Voraussetzungen zu schaffen für sittlich gutes Handeln.
Bei all den Möglichkeiten des Religionsunterrichtes und der ihn begleitenden Katechese darf jedoch für die religiöse Erziehung eines nie übersehen werden: Die Bedeutung der Erziehung bevor das Kind in die Schule kommt. Diese Primärsozialisation ist auch für die religiöse Gesamtsozialisation von entscheidender Bedeutung. *Hubertus Halbfas* hat dies in seinen drei Aufsätzen „Revision der religiösen Erziehung"[17] deutlich herausgestellt. „Ohne den Erwerb eines tragenden Urvertrauens ist eine im ganzen Menschen gegründete Glaubenshaltung unmöglich. Glauben ist ja keine intellektuelle Leistung, sogenannte Glaubensvorstellungen kennenzulernen und ‚für wahr zu halten', sondern eine Haltung des Vertrauens, die in den Konstitutiven der Menschwerdung gründet. Das Urvertrauen ist deshalb nicht inhaltlich, wohl aber strukturell mit einer religiösen Glaubenshaltung identisch. Ein Kind, das von seinen ersten Bezugspersonen im Stich gelassen wurde und keine neue ausgleichende Erfahrung sicherer Geborgenheit macht, kann Gott nicht als zuverlässiger glauben. Und wo einmal kindliches Mißtrauen geweckt wurde, kann ein verbaler Hinweis auf die schützende Treue Gottes dieses Urmißtrauen nicht überwinden.
Gott begegnet dem Kind somit niemals ursprünglich in der Lehre – Katechese und Predigt begründen keinen Gottesglauben! –, sondern in den Urerfahrungen des Kindes: im Urerlebnis des Angenommen- und Geborgenseins."[18]

4. Erklärungsmodell für sittliches Handeln

1977 entwickelte nun *Günter Stachel*[19] ein Modell, das den Prozeß, wie der Mensch zu sittlichem Handeln kommt, erklären soll. Es scheint zur Zeit das umfassendste Modell zu sein, das versucht, alle Forschungsergebnisse der Humanwissenschaften zusammenzufassen und ihnen ihren Stellenwert innerhalb des Prozesses zuzuordnen. Dabei wird das vielschichtige Bedingungsgefüge ethischen und religiösen Lernens im sozialen Bezugsfeld sichtbar. Er selbst legt Wert darauf, daß dieses Modell noch mit den Fachleuten der einschlägigen Bezugswissenschaften diskutiert werden soll[20].

Dieses Modell wird deshalb hier kurz vorgestellt,

1. weil es zur Zeit das einzigste umfassende Modell ist, das auf dem Boden eines interaktionistischen Sozialisationsverständnisses und unter Berücksichtigung gesicherter Einzelergebnisse verschiedener Wissenschaften den Prozeß ethischen Handelns zu erklären versucht,
2. weil gezeigt werden soll, wie es die Religionspädagogik versteht, rasch und intensiv Ergebnisse ihrer Bezugswissenschaften aufzunehmen und zu integrieren,
3. weil der im Synodenpapier konzipierte Religionsunterricht – entsprechend seinem Stellenwert im Gesamtprozeß – genau in diesen Plan hineinpaßt, und
4. weil dieses Modell nachweist, wie eng Religionsunterricht und Katechese – trotz schulischer Trennung – außerschulisch zusammengehören.

Das Modell geht von folgender Hypothese aus: „Im Regelkreis von kognitivem und affektivem Lernen erworbene Einstellungen motivieren zu einem bestimmten Handeln, wobei bestimmte auslösende (sozialisierende) Momente mitwirken müssen, damit gehandelt wird. Die erlangte ‚Praxis' wird ihrerseits Anlaß zu erneutem kognitiv-affektivem Lernen, insofern das Praktizierte reflektiert und disputiert wird, oder indem es Wachheit und Aufnahmebereitschaft für ethische Erfahrungen steigert"[21].

Damit ist Lernen von seinem psychologisch-didaktischen Gehalt her als Handeln-Lernen angesprochen. Der Inhalt ist auf folgender anthropologischer Basis konzipiert: „Die anthropologische Basis unseres Konzepts ist die Einsicht, daß das Ich zur Identität findet, indem es sich sozial entfaltet, nämlich mitmenschlich bewährt, und indem es mit anderen und für andere an der Welt und in der Welt als Natur und Kultur sein Werk leistet"[22].

Hier sein Modell[23]:

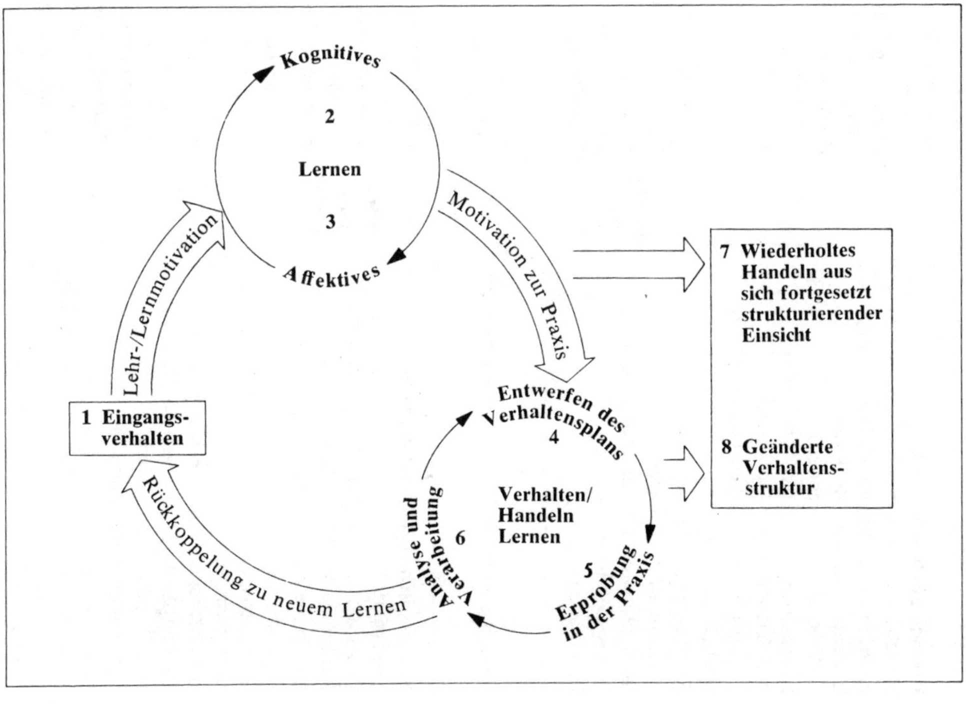

Modell eines Erlernens »ethischen Verhaltens« über lernende Veränderung des Denkens und Wertens im sozialen Bezugsfeld

Psychologisch gewürdigt:
Angeborene (vererbte) Strukturen
Frühkindliche Prägungen/Schädigungen
Erlernte kognitive Strukturen
(Wissen und Erkennen)
Internalisierte affektive Strukturen
(Werthaltungen, Gewissen)
Typische Imitationen/Identifikationen
Verhaltensrepertoire
Reifungsgegebenheiten
(Entwicklungsphase)
Motivationsstruktur als individuelle
Besonderheit
Identitätsniveau

1 **Eingangsverhalten** → **Lernmotivation**

Soziologisch-sozialpsychologisch gewürdigt:
Stand der Sozialisation/Enkulturation
Kulturspezifische Verhaltensmuster
Durch die eigene Sprache gegebene
Bedingtheit
Schichtenspezifische Sprech-/Hörfähigkeit
Schichtenspezifisch affektive Muster
Schichtenspezifische Verhaltensmuster
Ergebnisse der Primärsozialisation
Prägung durch familiäres
Kommunikationsniveau
»Familienkonstellation«
Motivationsstruktur als Sozialisationsfolge

2 **Kognitives Lernen**

Assoziationslernen oder Strukturlernen
Kognitive Beeinflussung
Informationsaufnahme
Durch Symbole lernen
Adaptation (Assimilation, Akkomodation)
Auseinandersetzung
mit der situativen Umwelt

Wissen
Erkennen und Verstehen, Einsehen
Einsicht gewinnen
Probleme bestimmen/lösen
Urteile verstärken/ändern
»Auffassungen« ausbilden
Know-how für Handeln (Fähigkeiten)
Praxisbezogene Theoriebildung

(wechselseitige Beeinflussung nach Art eines Regelkreises)

vermehrte Kompetenz für Handeln und Praxis

kognitive / affektive

3 **Affektives Lernen**

Lernen am Modell =
Beobachtungs-/Vorbildlernen
Vermittlung durch Erzählen,
Literatur, Kunst
Audielle und audiovisuelle Medien

Beeindruckt werden
Wache Reaktionsbereitschaft (arousal)
Affektive Einflußnahme (suggestion)
Anpassung an die Bewertungsformen von
einzelnen und Gruppen

Einstellungsänderung (attitudes)
Wertbegreifen, Wertbevorzugungen
Erlernen von Verhaltensmustern
Verhaltensdispositionen
Bereitschaft zum Handeln
Zuwendung zur Praxis

»Vorspiel«
»Innere Bühne«
= Phantasie
Vorbildlernen –
Identifikationen
Modell-Analyse (Planung)
Problemlösendes Denken
Transfer

4 **Konzeption**
Konstruktion
Motivation
des Verhaltensplans

Erfolgserwartung
(expectance, effect)
Beratung durch andere
Sozialvermittelte
Begeisterung,
Kommunikation
offener Systeme
Einstellung der Gruppe
Bekräftigung

Auftreten »kognitiver Dissonanz«, die hemmt oder anreizt

Motiviertsein für Reaktionen im Praxisbereich

Einfluß anderer, Gruppengeist
Beratung – Zeigenlassen
Beginn »selbstverantworteten Handelns«
Selbstbeobachtung
Fremdbeobachtung

Klinische Praxis:
Kommunikationspraxis außerhalb und innerhalb der Lerngruppe
Durchführung von Aufgaben im Ernstfall

5 Erprobung
Experiment
Modell-Verhalten in der Praxis (Performanz)

(evtl. weitere Versuche im Regelkreis)

Subklinische Praxis:
Sensitivity-Training
Rollenspiele
Übungsaufgaben

Anreiz durch Vorbilder
Motiv-Anreiz (incentive)

Bei Unselbständigen: Unterstützung durch positive oder negative Bekräftigung (discipline)
Evtl. audielle/audiovisuelle Registrierung zur Analyse von Praxis

Erinnerung
Reproduktion
Erfolgserlebnis
Erlebnis des Nichtgelingens

6 Kritisches Aufarbeiten (evaluation) **des Modell-Verhaltens**

Feed-Back (Bekräftigung)
Planung von Verbesserung
Eigenbekräftigung
Verstärkung der Motivation
»Erfahrung«

Überführung in normale Kommunikationspraxis, Berufspraxis, Praxis der Freizeit, des Schweigens usw.

Einfluß der inneren Situation, der durch Einsicht, Wertung, Handeln sich ändernden individuellen Motivation

7 Wiederholtes Handeln aus sich fortgesetzt strukturierender Einsicht

Situative, äußere Anreize, die von Mitmenschen (Gruppen) oder von der Natur/Kultur ausgehen.
Getragensein von der Kultur, von der Bezugsgruppe als letzte Stufe der Sozialisation.
Neues kognitives und affektives Lernen durch Regelkreis-Bildung: Bereits Gelerntes als neues Eingangsverhalten

Ergebnisse neuer Lernprozesse und praktischer Erprobung

8
Geänderte Verhaltensstruktur
Überdauerndes Verhalten
Identität – Individuation
Sozialisation – Integriertheit
Einfluß auf andere: Lehrprozesse!
Wahrnehmung von Rollen kraft erlangter Kompetenz und Bewährung

Obwohl es von staatlicher Seite nirgends definitiv festgelegt ist, herrscht über das Globalziel der Schule Einigkeit; es heißt: Emanzipation. „Nicht nur die Schule, sondern die Gesellschaft überhaupt, fordert als Zielvorstellung für die künftige Entwicklung die Emanzipation aller Menschen und Gruppen. Selten ist man sich über einen Wertmaßstab so einig gewesen" *(Vierzig)*[1].
Im Strukturplan des Deutschen Bildungsrates wird dieses Ziel zwar schon angedeutet, aber nicht ausdrücklich genannt. Dort heißt es[2]: „Das umfassende Ziel der Bildung ist die Freiheit des einzelnen zu individuellem und gesellschaftlichem Leben, verstanden als seine Fähigkeit, die Freiheit und die Freiheiten zu verwirklichen, die ihm die Verfassung gewährt und auferlegt".
Der Emanzipationsgedanke wird als Filter für die Unterscheidung von fortschrittlicher und restaurativer Pädagogik benutzt. Trotz verschiedener Auffassung von Emanzipation ist ein Grundgedanke allen gemeinsam: Emanzipation wird als ein Vorgang begriffen, durch den sich Gruppen oder Individuen von geistiger, psychischer, sozialer und politischer Bevormundung befreien wollen.
Da nur noch ein Religionsunterricht in unserer Schule Zukunft hat, der auch pädagogisch und somit vom Globalziel der Schule begründet ist, wären die Fragen zu untersuchen, ob der Religionsunterricht und die dahinterstehende christliche Religion etwas zur Emanzipation beitragen können, und ob im Synodenpapier Ansätze für Emanzipation enthalten sind.

1. Christentum – Emanzipation

„Freiheit" ist der zentrale Begriff der Frohbotschaft. Jesus kam in eine Zeit, in der Frömmigkeit – Dienst an Gott – gemessen wurde an der Erfüllung einer Unmenge einzelner Verhaltensvorschriften, und in der es große Unterschiede in der Bewertung gesellschaftlicher Gruppen gab. Er verkündete, daß alle Menschen vor Gott gleich seien und befreite sie von der Versklavung durch das Gesetz. Nicht äußere Gesetzeserfüllung ist entscheidend, sondern der Wille des Vaters.
„Das vertrauende Verhältnis Jesu zu seinem Vater befähigte ihn zur Freiheit. Das eigene Angenommensein durch den Vater macht ihn frei, andere anzunehmen. Dies befähigte ihn zu souveräner Freiheit gegenüber kultischen Reinheitsvorschriften, legalistischem Gesetzesverständnis, sozialen Vorurteilen und gegenüber allen Formen der Selbstsucht" *(Gräßele)*[3].

Anstelle vieler Gebote und kleinlicher Vorschriften setzte er ein Hauptgebot: Liebe Gott und den Nächsten, wie dich selbst. Somit erlangt der Mensch in der Geborgenheit Gottes und der Geborgenheit der Mitmenschen seine Freiheit und Unabhängigkeit. Jesus selbst lebte die Unabhängigkeit gegenüber geschriebenen Gesetzen und ungeschriebenen Normen vor (Sabbatgebot!). Er setzte sich über Vorurteile der Gesellschaft hinweg, indem er mit von Gesetzes wegen Mißachteten, mit religiös Verstoßenen und mit gesellschaftlich Ausgestoßenen Kontakt aufnahm: mit Zöllnern, Dirnen, Hirten, Fischern, Besessenen, Aussätzigen. *Keßler* schreibt: „Er forderte nicht, er gab; er demütigte nicht, er richtete auf; er bedrohte und verurteilte nicht, er entlastete und ließ aufatmen; er bestrafte nicht, er machte frei; er blieb nicht in der Distanz einer fernen, unheimlichen Transzendenz, er war in unbegreiflicher Güte nahe. Über alle Schranken, Hindernisse, Fernen und Abgründe hinweg wandte er sich vorbehaltlos allen, gerade den Verlorenen, Verstoßenen, Vergessenen, den Hoffnungslosen zu. Der Gott, den Jesus eröffnete und ereignete, stellte den Menschen nicht nur in die Entscheidung, er stellte ihn auch in die Freiheit"[4].

Man könnte an vielen Stellen des NT nachweisen, „wie sehr das Bemühen Jesu darauf gerichtet war, den Menschen aus den Abhängigkeiten und Unterdrückungen seiner Zeit und der Gesellschaft, in der er lebte, zu befreien. So würde deutlich, daß dort, wo die neutestamentliche Botschaft ernst genommen wird, die Herrschaft von Menschen über Menschen keine Chance hat" *(Offele)*[5].

Diese Botschaft Jesu und seiner Jünger wurde in der Urkirche als befreiend empfunden und war somit eine echte „frohe Botschaft".

„Ich behaupte nicht, daß das Christentum immer die Emanzipation des Menschen betrieben hat, aber ich behaupte, daß für den richtig verstandenen Glauben der ‚Ruf zur Freiheit', der Impuls zur Emanzipation einen Grundzug darstellt" *(Vierzig)*[6].

In dieser Aussage steckt die Anerkennung des emanzipierenden Charakters des Christentums, aber auch die Feststellung, daß das Christentum diesen Grundzug im Laufe seiner Geschichte nicht immer mit der nötigen Konsequenz verwirklicht hat.

Der erste entscheidende Schritt in eine negative Entwicklung in bezug auf Emanzipation dürfte vollzogen worden sein, als *Konstantin* das Christentum zur Staatskirche machte. Mit der Verbindung von Staat und Kirche waren die Voraussetzungen geschaffen, daß dieser „Ruf nach Freiheit" stark behindert wurde. Man war nicht allein dem Evangelium verpflichtet, sondern auch der weltlichen Obrigkeit.

Weiter kommt hinzu, daß sich das Christentum zu einer hierarchisch gegliederten Amtskirche entwickelte, die nach dem Vorbild weltlicher Systeme repressive Maßnahmen ergriff, um das System zu erhalten: Kirchenstrafe, Ketzergericht, Kirchenbann.

Doch kam der befreiende Gedanke der Frohbotschaft immer wieder zum Durchbruch; es seien aus der Geschichte nur einige Namen genannt: *Bernhard von Clairvaux, Franz von Assisi, Thomas Münzer, John Wiclif, Johannes Hus, Martin Luther*. Gerade in unserer Zeit wird von Kirche und Theologie wieder dieses Befreiende des Christentums herausgestellt, indem sie das Gebot der in Gott verankerten Nächstenliebe in den Mittelpunkt ihrer Überlegungen stellen und unter diesem Postulat Fehlentwicklungen in Kirche und Welt aufzeigen.

2. Religionsunterricht – Emanzipation

Kann christlicher Religionsunterricht etwas zur Emanzipation des Menschen beitragen? Dabei muß zunächst geklärt werden – da keine offizielle begriffliche Definition von Emanzipation vorliegt –, ob sich christliche Religionspädagogik z.B. dem Emanzipationsverständnis der „Kritischen Theorie" – von dieser Richtung wird die Diskussion um das Globalziel der Schule und die inhaltliche Interpretation am stärksten beeinflußt – einfach anschließen kann.

Um das Problem zu verdeutlichen, zitieren wir einen mehr marxistisch geprägten Vertreter der „Kritischen Theorie" mit seiner Auffassung von Emanzipation. *Hans-Jochen Gamm* schreibt[7]:

„Sie (die Emanzipation) soll hier verstanden werden
1. als politische Anleitung des lernenden Menschen, den Prozeß seiner Selbstentfremdung zunehmend schärfer zu analysieren, der durch ein von ihm nicht mitverantwortetes didaktisches Mittel und eine dahinterstehende, ihm unzugängliche Herrschaftsform immer neu zustande kommt.

Sie soll
2. verstanden werden als die Einübung kollektiver Lernpraxis, um den Druck der Isolation zu durchbrechen, der es den Machtträgern ständig ermöglicht, die Individuen durch exklusive Aufstiegschancen weiter zu dissoziieren und als Glieder einer ‚Konsumgesellschaft' politisch machtlos zu halten.
3. Emanzipation soll schließlich heißen, das Individuum und die es umschließende Gruppe zu befähigen, sich gesellschaftlicher Kampfmaßnahmen zu bedienen, um die für alle Lohnabhängigen trotz ihres unterschiedlichen gesellschaftlichen Status verhinderte ökonomische Selbstbestimmung zu erringen".

In diesem Verständnis wird der gesellschaftliche Bezug überbetont: Der Mensch emanzipiert sich, indem er die Gesellschaft in eine sozialistische Richtung emanzipiert.
Neben dieser einseitig gesellschaftlichen Sicht fordern viele Vertreter der „Kritischen Theorie" auch eine Emanzipation von Glauben und Kirche, aber nicht im Sinne von kritischer Haltung und Abbau unberechtigter Abhängigkeiten, sondern durch Loslösung.
Über die Tatsache, daß ökonomische, gesellschaftliche und psychische Zwänge abgebaut werden müssen, sind sich alle Vertreter der derzeitigen Emanzipationsbewegung einig. Dabei dürfen jedoch nicht die tiefergehenden Unterschiede in der Ursachenanalyse, im Menschenbild und in den Zielvorstellungen übersehen werden. *Gräßle*[8] verweist besonders auf folgende Unterschiede:
„–Die emanzipatorische Bewegung bejaht keine in Gott begründete Würde des einzelnen Menschen.
– Sie geht von einem sehr optimistischen Menschenbild aus und erwartet alles von der Selbstbefreiung des Menschen.
– Sie lehnt eine Gott zu verdankende und in Jesus Christus bereits begonnene Überwindung des Bösen und des Todes ab.
– Sie zielt auf ein innerweltliches Paradies und verwirft eine Vollendung des Menschen und der Welt jenseits dieser Geschichte."
Ein Wesenszug des Menschen ist es – im Gegensatz zum Tier –, daß er fähig ist, die Frage nach dem Transzendentalen zu stellen. Deshalb wird christlicher Religionsunterricht dieses Transzendentale auch bei der Emanzipation mit einbeziehen, wenn man der Natur des Menschen gerecht werden will. Daraus ergeben sich unumstößliche Grenzen: Geburt und Tod, Schicksal, Bereiche der Umwelt und der eigenen Natur.
Innerhalb dieser Grenzen müssen Abhängigkeiten abgebaut werden. Dem Religionsunterricht kommt im Fächerkanon der Schule hauptsächlich die Aufgabe zu, sich mit diesen Grenzen zu beschäftigen, um sie „ihrer oft uneingestandenen Schrecken zu entkleiden, sie im Gespräch mit der Möglichkeit eines Sinnes zu erfüllen, sie dadurch von innen her aufzuhellen und menschlich bewältigbar zu machen" *(Baudler)*[9].
Somit leistet Religionsunterricht seinen speziellen Beitrag zum Globalziel „Emanzipation". *Baudler* interpretiert:
„Er setzt bewußt und dadurch potenziert jene Emanzipationsbewegung fort, die das Christentum immer schon, seit es existiert, in dieser Welt entfaltet, ja vielleicht sogar ursprüng-

lich im ganzen begründet hat: Erst wenn die Grenzen des Daseins den Schrecken ihrer Stummheit verloren haben, wenn der Tod, im Glauben angenommen, nicht mehr nur Tod und Vernichtung, sondern möglicher Durchgang zu neuem Leben ist, wenn das Schicksal nicht nur Schicksal, nur blinde Unberechenbarkeit ist, sondern als von göttlicher Liebe und Sorge durchwaltet geglaubt und bezeugt wird, wenn die faktisch vorgegebene Welt nicht nur das nackte, stumm hinzunehmende Faktum darstellt, sondern als mögliche Gabe und möglicher Anruf des Schöpfers in den Blick und ins Gespräch kommt, erst dann ist der Mensch dazu fähig und dazu befreit, auf diese Grenzen hinzugehen und den von diesen Grenzen eröffneten Raum in Freiheit zu gestalten und für den Menschen bewohnbar zu machen.

Emanzipation im Ursprung christlicher Geschichte ist im Letzten eine Frucht des Glaubens daran, daß noch das blindeste, grausamste und scheinbar sinnloseste Scheitern im Tode Rettung und Erlösung beinhalten kann".[10]

Religionsunterricht kann zwar in dem eben beschriebenen Problemfeld seinen Schwerpunkt sehen, darf und kann aber die übrigen Bereiche von Abhängigkeiten nicht übergehen. Das zeigt ein Unterrichtsprojekt, von dem *Reinhard Dross*[11] berichtet und das vom Pädagogischen Institut der Universität Hamburg von *M. Fischer* und Mitarbeitern durchgeführt wurde; Problemkreis: Angst.

Als emanzipatorische Intention war die Befreiung der Schüler von ihrer existenzeinengenden Angst angezielt. Bei der Situationsanalyse ergab sich, daß bei vielen Kindern Angst vor der Schule, bestimmten Lehrern, bestimmten Fächern, Erziehungsstilen und Arbeitsformen vorhanden war. Die Zielrichtung ging schließlich gegen die Struktur der Schule selbst, als Auslöser solcher Angst.

Somit ist die partielle Zielsetzung des Abbaues von Schulangst schon genötigt, Strukturveränderungen an der Schule anzustellen und damit Kritik an der Gesellschaft. Läßt man dies aber außer acht und beschäftigt sich nur mit den Schülern, verkennt man die gesamtgesellschaftlichen Zusammenhänge, und man setzt sich dem Verdacht aus, die gesellschaftlichen Widersprüche nicht sehen zu wollen, sondern sie zu stabilisieren.

„Die Abhängigkeiten heute müssen benannt werden, Herrschaft und Unterdrückung müssen konkretisiert werden, und zwar so, daß sie sich als gesamtgesellschaftlich bedeutsam und wirksam, als gruppenspezifisch und als Individuen determinierend zu erkennen geben" *(Fischer)*[12].

Dies gilt auch für die eigene geschichtliche Vergangenheit. Wenn sich Religionsunterricht mit der christlichen Überlieferung beschäftigt, so kann dies einen dreifachen emanzipatorischen Sinn haben:

„1. Die kritische Beschäftigung mit christlicher Überlieferung macht die eigenen Bewußtseinsfiguren durchschaubar, klärt die irrationalen und ungeprüften Einschlüsse unseres Handelns auf. Die geschichtlichen Bedingungen unserer Interessen und Motive werden durchschaubar. Sie verlieren damit ihren Zwangscharakter und werden frei verfügbar. Wenn der Religionsunterricht dies als Aufgabe erkennt, dann übernimmt er in der Schule eine Aufklärungsarbeit.

2. Die kritische Beschäftigung mit christlicher Überlieferung deckt die Projektionen, die Wunschbilder, die verflossene Generationen an ihr hinterlassen haben, auf. Mißverständnisse, Irrwege der Vergangenheit werden deutlich und damit der Weg nach vorne erst freigegeben. Der Religionsunterricht leistet in der Konfrontation mit der Vergangenheit die unumgängliche Aufgabe dessen, was *Mitscherlich*[13] kollektive Trauerarbeit nennt.

3. Die kritische Beschäftigung mit christlicher Überlieferung läßt das Bewußtsein einen distanzierten Standpunkt gegenüber der eigenen Gegenwart finden. Dadurch verliert diese den Zwangscharakter einer absoluten Notwendigkeit. Sie wird in ihrer Zufälligkeit, Verschuldetheit und Fragwürdigkeit durchschaubar. Die Beschäftigung mit der Überlieferung setzt der Gegenwart gegenüber von der Gegenwart selbst nicht erfüllte Verheißungen in ihr Recht ein und treibt sie in eine bessere Zukunft" *(Siller)*[14].

Die bisher geführte Diskussion um den Begriff „Emanzipation" und ob dieser als Gesamtziel der Schule angesehen werden könne und welchen Stellenwert er im Religionsunterricht habe, hat für die Religionspädagogik zumindest folgenden Gewinn gebracht:

„1. Wir haben gelernt, dem Schüler (um dessen Emanzipation es ja letztlich geht) als selbständigem und bestimmendem Faktor im didaktischen Prozeß die gebührende Aufmerksamkeit zu widmen und die fällige Revision der Inhalte und Lernziele des Religionsunterrichts in Angriff genommen.

2. Durch den immer erneuten Hinweis darauf, daß die individuellen Erfahrungen von Unfreiheit weitgehend gesellschaftlich verursacht (von gesellschaftlichen Strukturen abhängig) sind, ist uns die Verpflichtung eingeschärft worden, die Botschaft unseres Unterrichts politisch zu artikulieren, also zu zeigen, daß und inwiefern Religion, insbesondere die christliche, die Überwindung jener Unfreiheit produzierenden Strukturen fordert und ermöglicht.

3. Eine der wichtigsten Fähigkeiten, die im Dienste solchen Veränderungswillens bei den Schülern ausgebildet werden müssen, ist *Kritik*, d.h. das Vermögen, gegebene Verhältnisse nicht einfach als unabdingbar hinzunehmen, sondern sie in ihrer geschichtlichen Bedingtheit zu erkennen und Strategien zu ihrer Überwindung zu entwickeln" *(Grewel)*[15].

Das Fach Religion kann seinen Beitrag zum schulischen Globalziel „Emanzipation" dann leisten, wenn es selbst- und gesellschaftskritisch auf Abhängigkeiten aufmerksam macht, im Rahmen seiner Möglichkeiten Lösungen versucht, und den unabänderlichen Abhängigkeiten einen Sinn verleiht.

Fischer[16] hat es bereits 1970 in Zielformulierungen so ausgedrückt:

„– Schüler müssen erkennen, daß sie in Abhängigkeiten leben und gehalten werden
– Schüler müssen lernen, vorfindliche Abhängigkeiten auf ihre Zwecke zu befragen
– Schüler müssen erkennen, daß Abhängigkeiten abgebaut werden können
– Schüler müssen erkennen, daß es Grenzen für den Abbau von Abhängigkeiten gibt, z.B. die Abhängigkeit von der eigenen Körperlichkeit
– Schüler müssen üben, die Grenzen der unüberwindlichen Abhängigkeit zu erproben und hinauszuschieben
– Schüler müssen üben, unüberwindbare Abhängigkeiten abzubauen."

Sollte eines Tages das Globalziel „Emanzipation" von offizieller staatlicher Seite genau definiert werden, so müssen sicherlich auch die Inhalte, für die sich der Religionsunterricht besonders zuständig fühlt, voll in die Definition mit eingehen, da sonst Emanzipation zu einseitig gesellschaftlich gesehen wird und das Individuum mit seinen persönlichen Fragen, Sorgen und Nöten – auf deren Abbau es ebenfalls ein Recht hat – zu wenig Berücksichtigung findet.

3. Synodenpapier – Emanzipation

Als Beweis, daß nach dem Synodenpapier ein emanzipatorischer Religionsunterricht angestrebt werden soll, könnten zunächst alle die Stellen – wie im vorangegangenen Kapitel aufgeführt – herangezogen werden, die auf eine Identitätsfindung und Ichstärkung des Schülers hinzielen. Denn durch ein starkes Ich wird dem Menschen die Möglichkeit zu einer bewußt angestrebten Emanzipation erst gegeben.
Weitere Argumente finden wir
a) in der Beschreibung der Funktion und des Zielspektrums sowie
b) in den vier eigentlichen Zielen.

Zu a)
2.3.2.
„Situationen und Erfahrungen, die zur Sinndeutung herausfordern und den Menschen anfordern als Wesen, das Werte sieht, sich an ihnen orientiert und sich an sie bindet, sind z.B. solche von Zeugung – Geburt – Tod – Hoffnung – Liebe –" [. . .].
„Im Beruflichen, Sozialen, Politischen gibt es ebenso Situationen und Programme, in denen es um das Verstehen des Ganzen und das Einordnen in das Ganze geht, um rechtes und verantwortliches Handeln und also im letzten um die Wahrheit: Unterprivilegierung – Armut – Hunger – Krieg –" [. . .].
„Will die Schule den ganzen Menschen fördern, so muß sie alle bedeutsamen menschlichen Erfahrungen zur Sprache bringen, also auch und vor allem die Grund- und Grenzsituationen des menschlichen Lebens. Nur dadurch kann der Schüler instandgesetzt werden, sein ganzes Leben zu bewältigen, die Veränderbarkeit vieler Mängel und Mißstände zu erkennen und das wirklich Unabänderliche anzunehmen, als Schicksal oder als Geschenk."

2.3.3
„Derselbe Phänomenbereich enthält so viele wirkungsvolle Motivationen und Impulse, sich und die Verhältnisse kritisch zu betrachten, aus sich herauszugehen, über sich hinauszuwachsen im Dienst am anderen, an der Gesellschaft, daß dieses spezifische Potential eines nichts auslassenden Engagements nicht ungenutzt bleiben darf bei der Bewältigung von Zukunftsaufgaben. [. . .]
Im Bereich der Religion kommt zweckfreie und doch sinnvolle Reflexion zum Zuge. Gegen den naiven Optimismus, alles machen, organisieren und in vorher geplanten Lernschritten vermitteln zu können, wird hier an das erinnert, was nicht machbar ist, sondern entgegengenommen werden muß."

2.4.3
„Theologie geschieht in Auseinandersetzung mit der gesellschaftlichen Situation, zu deren Kennzeichen die Orientierung des heutigen Menschen auf Zukunft hin gehört. Diese Orientierung äußert sich in einer Dynamik, die die Welt verantwortlich gestalten will. Die Theologie erweist diesen Ansatz als genuin biblisch: Die Texte der Bibel enthalten an vielen Stellen Kritik an zeitgenössischen Zuständen. Sie entlarven falsche Ansprüche; sie rufen zur Umkehr, zur Veränderung und zur Ausrichtung auf die Zukunft."

2.5.1
Der Religionsunterricht leistet „Hilfe zur verantwortlichen Gestaltung des eigenen wie des gesellschaftlichen Lebens [. . .].
So verhindert er, daß die Schüler den Lebenssituationen, Strukturen und Tendenzen, den Identifikationsmustern und Weltdeutungen (anderer und den eigenen) fraglos und sprachlos gegenüberstehen."

2.6.2
„Die Kirche entspricht ihrem Auftrag, wenn durch ihre Beteiligung am Religionsunterricht gesellschaftskritische und humanisierende Impulse des Evangeliums wirksam werden können und einer Verengung des Denk- und Fragehorizontes der Lernenden auf Zweckrationalität gewehrt wird."

2.6.5
„Es ist ein Gewinn: [. . .] wenn ihre Entscheidungsfähigkeit und Entscheidungswilligkeit so gefördert wurde, daß sie [die Schüler] imstande sind, ihre persönliche Glaubenseinstellung zu überprüfen, zu vertiefen oder zu revidieren und so eine gewissenhafte Glaubensentscheidung zu treffen" [. . .].

Zu b)
2.5.1
„Aus alledem ergibt sich für den Religionsunterricht:
– er weckt und reflektiert die Frage nach Gott, nach der Deutung der Welt, nach dem Sinn und Wert des Lebens und nach den Normen für das Handeln des Menschen und ermöglicht eine Antwort aus der Offenbarung und aus dem Glauben der Kirche;
– er macht vertraut mit der Wirklichkeit des Glaubens und der Botschaft, die ihm zugrunde liegt und hilft, den Glauben denkend zu verantworten;
– er befähigt zu persönlicher Entscheidung in Auseinandersetzung mit Konfessionen und Religionen, mit Weltanschauungen und Ideologien und fördert Verständnis und Toleranz gegenüber der Entscheidung anderer;
– er motiviert zu religiösem Leben und zu verantwortlichem Handeln in Kirche und Gesellschaft."

Diese vier Ziele drücken in ihrer Formulierung nicht so deutlich die emanzipatorische Zielsetzung aus, wie sonst in der Beschreibung der Funktion und des Zielspektrums des Religionsunterrichtes zum Ausdruck gelangt. Es kommt hier stärker der Bezug zu Religion und Glauben zur Geltung. Die Formulierung dieser Ziele wurde von der Deutschen Bischofskonferenz verfaßt, die zur Zielsetzung des katholischen Religionsunterrichtes am 23.11.1972 eine Erklärung veröffentlichte.
Hätte die Gemischte Kommission der Synode diese Ziele formuliert, wären sie vom Inhalt her bestimmt gleich gewesen; sie hätten aber sicherlich andere Worte gewählt, in denen – wie im übrigen Beschluß – der emanzipatorische Charakter deutlicher ins Auge gesprungen wäre. Ohne Zweifel steckt in diesen vier Zielen voll der Emanzipationsgedanke. Da heißt es nicht einfach: der Religionsunterricht gibt eine Deutung der Welt, einen Sinn und Wert des Lebens und Normen für das Handeln; nein, es wird hier gesprochen, daß man diese Fragen reflektiert, um eine Antwort zu ermöglichen. Der Glaube ist denkend zu verantworten,

d.h. es wird Wert auf eine bewußte, individuelle Entscheidung gelegt. Weiter soll der Religionsunterricht zur persönlichen Entscheidung und zu verantwortlichem Handeln in Kirche und Gesellschaft erziehen. Dies sind klar emanzipationsfördernde Ziele.

Der im Synodenpapier konzipierte Religionsunterricht leistet seinen Beitrag zur Emanzipation, indem er

- die Schüler befähigen will, selbständig zu werden,
- zur Stärkung der Ich-Identität beitragen will,
- zur kritischen Offenheit gegenüber künftig Neuem erziehen möchte,
- Abhängigkeiten auf ihre Veränderbarkeit und Unveränderbarkeit hin analysiert,
- Möglichkeiten aufzeigt, gegen sinnlose Abhängigkeiten anzugehen und den unabdingbaren Abhängigkeit Sinn zu verleihen und
- Hilfen anbietet, die letzte Abhängigkeit – nämlich Gott – zu bejahen, weil sie die Chance zur größeren Freiheit und Unabhängigkeit bietet.

IV. CURRICULUM – SYNODENPAPIER

Das Wort „Curriculum" taucht zweimal im Synodenpapier auf:

2.5.3
„Dies [Alter, Interesse und Ausgangslage der Schüler] muß bei der Gestaltung der Curricula für die jeweilige Schulstufe berücksichtigt werden."

2.5.4
„Gerade für den Religionsunterricht ist ein sogenanntes ‚offenes Curriculum' erforderlich."

Das Synodenpapier fordert also „offene Curricula". War sich die Versammlung bewußt, was sie hier beschloß? Gab es im religionspädagogischen Raum Erfahrungen mit „offenen Curricula", damit man gezielt eine solche Forderung aufstellen konnte?

1. Beginn der Curriculumarbeit im katholisch-religionspädagogischen Bereich

Im Jahre 1967 erschien für den Religionsunterricht der „Rahmenplan für die Glaubensunterweisung". Dieser unter enormem Arbeits- und Zeitaufwand erstellte Plan war ein großer Fortschritt, da er u.a. folgendes brachte:
„Einen einheitlichen Plan anstelle der unterschiedlichen, jeweils nur regional (in den Ländern oder Diözesen) gültigen Pläne; die Überwindung der Trennung von Bibel- und Katechismusunterricht; die Ablösung des biblischen Geschichtsunterrichts durch einen bibelwissenschaftlich verantwortbaren hermeneutischen Unterricht; die Einbringung der theologischen Entwicklung – vor allem seit dem II. Vatikanischen Konzil; die ersten Ansätze einer Neuverteilung der religiösen Erziehungsaufgaben zwischen Elternhaus, Gemeinde und Schule – bei gleichzeitiger Zuordnung aller in einem pastoralen Gesamtkonzept" *(Langer)*[1].
Dieser Rahmenplan war jedoch von kurzer Dauer. Auf der einen Seite war im gesamten deutschen Bildungswesen ein großes Bemühen um eine Bildungsreform zu merken, und auf der anderen Seite suchte man nach einer Neubegründung des Religionsunterrichts – teils aus Überzeugung, teils durch das Gesamt-Reformbemühen gezwungen.
Der „Strukturplan für das Bildungswesen" des Bildungsrates[2] aus dem Jahre 1970 zeigte die Richtung für zukünftige Entwicklungen auf: Reform des Bildungswesens kann nur durch Revision der Bildungsziele und Bildungsgehalte geschehen.
„Ein besonders enger Zusammenhang besteht zwischen Strukturveränderungen und Curriculum-Veränderungen. In einem auf individuelle Förderung angelegten Bildungssystem wird nicht unverändert dasselbe wie bisher auf dieselbe Weise wie bisher gelehrt werden können. Es geht außerdem darum, den veränderten Bedingungen in der Gesellschaft und den Wissenschaften bei der Einrichtung des Bildungswesens gerecht zu werden. Daher genügt es nicht, einzelne Mängel der bestehenden Schulorganisation zu beheben. Vordergründig drängen sich die strukturellen und organisatorischen Veränderungen auf; auf die Dauer aber werden die curricularen Veränderungen bedeutender sein"[3].
Die katholische Kirche und mit ihr die Religionspädagogik hatten nun die Aufgabe, durch Neuüberdenken der Inhalte und Entwicklung von Curricula sich dieser Herausforderung zu

stellen, um damit dem Religionsunterricht innerhalb der Schule seine Existenzberechtigung zu geben.
Im Mai 1971 fand eine gemeinsame Tagung der Diözesan-Schulreferenten und der katholischen Elternschaft Deutschlands statt, die sich mit Fragen der Curriculum-Entwicklung für den Religionsunterricht befaßte. Hierbei wurden *Doris Knab* und *Wolfgang Langer* beauftragt, einen Organisationsplan für Curriculum-Entwicklung zu entwerfen, in dem eine Gesamtstrategie konzipiert werden sollte. Unter Mitarbeit des *Deutschen Katecheten-Vereins*, des *Deutschen Instituts für wissenschaftliche Pädagogik* in Münster – hier wird die wissenschaftliche Hauptarbeit geleistet –, der *Konferenz der Schulabteilungen* und der *Bischöflichen Hauptstelle für Schule und Erziehung* entstand ein Plan, der von der Deutschen Bischofskonferenz im Herbst 1972 genehmigt wurde und 1973 unter dem Titel „Organisation der Arbeit am Curriculum für den katholischen Religionsunterricht“[4] erschienen ist.
„Die gesamte curriculare Arbeit für den katholischen Religionsunterricht ist in diesem Plan unter drei allgemeine Fragen gestellt, die zugleich die drei verschiedenen Dimensionen der Arbeit angeben:
– Unter welchen Bedingungen soll und kann in der Schule Religionsunterricht stattfinden?
– Welche Ziele soll und kann der Religionsunterricht in der Schule haben?
– Unter welchen Voraussetzungen (Inhalte, Methoden, Unterrichtsbedingungen) können diese Ziele angestrebt und erreicht werden?
Die drei Dimensionen der Aufgabenstellung erfordern das Zusammenwirken unterschiedlicher Kompetenzen: für die ersten beiden sind wissenschaftliche und gesellschaftspolitische Instanzen zuständig, für die dritte Wissenschaft und pädagogische Praxis. Außerdem ist dafür zu sorgen, daß die Curriculumarbeit für den Religionsunterricht in Kontakt mit der curricularen Entwicklung in den anderen Fächern und mit den für die Reform des Gesamtcurriculums verantwortlichen Institutionen bleibt.
Daraus ergibt sich eine Reihe von konkreten Forderungen:

1. Sicherung des Informations- und Erfahrungsaustausches zwischen allen Beteiligten;
2. Anregung und Ermöglichung von grundlegenden Forschungen;
3. Unterstützung und Beratung von Projektgruppen für die Entwicklung und Erprobung von Teilcurricula in Verbindung mit Schulen und Instituten der Lehrerbildung;
4. Umsetzung der Ergebnisse von Forschungs- und Entwicklungsarbeit in die pädagogische Praxis mit der Möglichkeit der Rückkoppelung zwischen Wissenschaft und Praxis;
5. Sicherung der Wechselwirkung zwischen Forschungs- und Entwicklungsarbeit einerseits und den Meinungsbildungs- und Entscheidungsprozessen in Kirche und Staat andererseits.“ *(Langer)*[5].

Wolfgang Langer hat den unter *Doris Knab* und ihm entstandenen Organisationsplan für Curriculumentwicklung 1973 in Kurzform in den „Katechetischen Blättern“ vorgestellt. Das Schaubild[6] verdeutlicht den Gesamtzusammenhang (siehe Seite 100).
Wie das Schaubild zeigt, ist eine ständige Zusammenarbeit der verschiedenen Instanzen in zwei Regelkreisen geplant.
„Der erste, innere Regelkreis verbindet die Bereiche Meinungsbildung und Entscheidung (synodale Gremien und kirchliche Lehrautorität), Wissenschaft sowie Entwicklung und Erprobung miteinander – mit dem Ziel der konstruktiven Entwicklung des religionsunterrichtlichen Curriculums. Die Verantwortung dafür, daß dieser Regelkreis auch wirklich funktioniert, liegt bei der Curriculum-Konferenz und der Curriculum-Kommission, mit denen die drei Bereiche durch entsprechende Vertretungen verbunden sind. In diesem Regelkreis

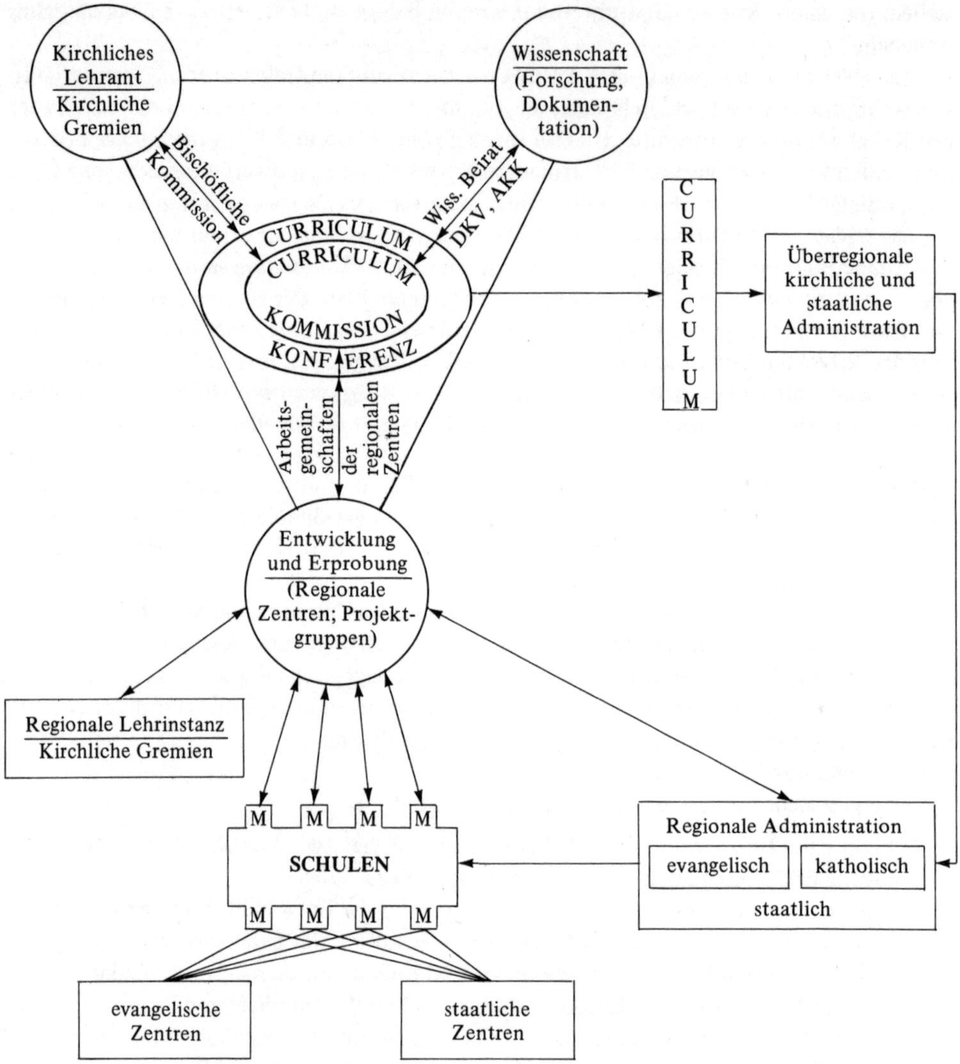

Schematische Darstellung der Arbeitsorganisation, die die ständige Zusammenarbeit der verschiedenen Instanzen in zwei Regelkreisen zeigen soll.

sind – durch die Vermittlung der regionalen Zentren – eine Vielzahl von Arbeitsgruppen, die sich jeweils an einzelnen Schulen oder Orten gebildet haben oder bilden werden (M = „Modellgruppen"), einbezogen, von denen die Basisarbeit zu leisten ist, also hauptsächlich die Entwicklung von Unterrichtselementen und Lernsequenzen. Die Außenbeziehungen des inneren Regelkreises – zu den regionalen kirchlichen Gremien, zu den regionalen Verwaltungsorganen (kirchliche und staatliche Administration) und zu evangelischen und staatlichen Entwicklungszentren – werden, soweit sie für die konstruktive Curriculumarbeit wichtig oder notwendig sind, ebenfalls über die regionalen Zentren hergestellt.

Der zweite, äußere Regelkreis kommt dann in Gang, wenn das entwickelte Curriculum (bzw. Teile desselben) durch die kirchliche und staatliche Administration zur breiten Verwendung in die pädagogische Praxis eingeführt werden. Die Einführung eines Curriculums ist jedoch kein einmaliger Vorgang auf dem Verordnungswege, sondern der Beginn des Prozesses einer kontinuierlichen Revision, die durch die laufende Rückmeldung der Erfahrungen aus dem Unterricht bewirkt wird. So ist schließlich der äußere mit dem inneren Regelkreis, die gesamte Praxis des Religionsunterrichts mit der laufenden Curriculumreform verbunden" *(Langer)*[7].

2. Zielfelderplan der Sekundarstufe I

Ein solcher Organisationsplan ist auf Zukunft angelegt, und man konnte von ihm für die momentane Unterrichtspraxis keine konkreten Ergebnisse erwarten. Deshalb erarbeitete während der gleichen Zeit, in der dieser Organisationsplan entwickelt wurde, eine Kommission des Deutschen Katecheten-Vereins im Auftrag der Bischöfe einen Rahmenplan für die Sekundarstufe I, der sich als curricularer Zielfelderplan innerhalb dieser Schuljahre versteht. Dieser Plan – er wird als Zielfelderplan bezeichnet – wurde am 19. Juni 1973 von der Bischöflichen Kommission für Schule und Erziehung für die Erprobung im Unterricht freigegeben[8].

Welches Konzept steckt hinter diesem Zielfelderplan?

Die Deutsche Bischofskonferenz hatte am 23. November 1972 für die Curriculumentwicklung folgende Zielformulierung festgelegt:

„Der katholische Religionsunterricht zeigt Mensch und Welt in ihrem Bezug zu Jesus Christus im Licht des kirchlichen Glaubens und Lebens. Er macht den Schülern deutlich, daß man die Welt im Glauben sehen und von daher seine Verantwortung in ihr begründen kann. Dem gläubigen Schüler hilft der Religionsunterricht, sich bewußter für diesen Glauben zu entscheiden und damit auch der Gefahr religiöser Unreife oder Gleichgültigkeit zu entgehen. Dem suchenden oder im Glauben angefochtenen Schüler bietet er die Möglichkeit, die Antworten der Kirche auf seine Fragen kennenzulernen und sich mit ihnen auseinanderzusetzen.

Aus dieser Zielrichtung ergeben sich als Aufgaben des Religionsunterrichtes:

– er weckt und reflektiert die Frage nach Gott, nach der Deutung der Welt, nach dem Sinn und Wert des Lebens und nach den Normen für das Handeln des Menschen,

– er ermöglicht eine Antwort aus der Offenbarung und aus dem Glauben der Kirche,

– er befähigt zu persönlicher Entscheidung in Auseinandersetzung mit Konfessionen und Religionen, mit Weltanschauungen und Ideologien und fördert Verständnis und Toleranz gegenüber der Entscheidung anderer,

– er motiviert zu religiösem Leben und zu verantwortlichem Handeln in Kirche und Gesellschaft."[9]

Der Zielfelderplan versucht nun, den Erkenntnissen der allgemeinen Curriculumforschung, einem neuen lerntheoretischen Verständnis und den von der Deutschen Bischofskonferenz festgelegten Zielvorstellungen gerecht zu werden.

Er unterscheidet sich von den bisherigen Lehrplänen dadurch, daß er für die Anordnung aller Themenfelder einen Bezugsrahmen und für die didaktische Strukturierung eines Themas ein „didaktisches Strukturgitter" anbietet.

Als Grundlage dieses Planes dient die Erkenntnis, daß Lernen nur dann erfolgreich sein kann, wenn es auf dem Erfahrungsbereich des Lernenden aufbaut. Deshalb werden als Strukturelemente vier Erfahrungsbereiche zugrunde gelegt:

I. Eigenes Leben
II. Leben mit anderen
III. Religion und Religionen
IV. Kirche

In diese Erfahrungsbereiche sind zehn Zielfelder eingeordnet, die sich an Qualifikationen orientieren[10]:

I. Eigenes Leben
   1. Fähigkeit, sich selbst zu verstehen
   2. Fähigkeit, sein Leben zu gestalten

II. Leben mit anderen
   1. Fähigkeit, mit anderen zusammenzuleben
   2. Fähigkeit, sich im öffentlichen Bereich zu engagieren

III. Religion und Religionen
   1. Fähigkeit, religiöse Erscheinungsformen wahrzunehmen
   2. Fähigkeit, den Anspruch von Religionen und Weltanschauungen zu bewerten

IV. Kirche
   1. Fähigkeit, die Bibel als Buch der Kirche in ihrem Anspruch zu verstehen
   2. Fähigkeit, Erscheinungsformen des kirchlichen Lebens und ihre Geschichte zu verstehen
   3. Fähigkeit, die Glaubensaussagen der katholischen Kirche darzulegen und zu interpretieren
   4. Fähigkeit, sich zum Engagement in der Kirche zu entscheiden.

Diese Fähigkeiten sind sehr allgemein und werden deshalb durch angegebene Richtziele ergänzt, die den Rahmen für den Unterricht abstecken. Diese Richtziele sollen in einem Lernprozeß durch die gesamte Sekundarstufe I erreicht werden; so wird in jedem Schuljahr versucht, das Richtziel mit Hilfe einer bestimmten Thematik auf eine stufengemäße Weise anzugehen.
Mit diesem Zielfelderplan als curricularem Rahmen werden sowohl anthropologische als auch theologische Ziele und Inhalte in Beziehung gebracht. Es können im Unterricht einerseits Glauben und Selbstverständnis der Kirche dargestellt werden, und andererseits kann der Schüler dazu befähigt werden, aus seiner ureigenen Situation heraus zu einer persönlichen Glaubensentscheidung zu finden. Bei der Realisierung der Themen im Unterricht könnte natürlich das Grundkonzept des Zielfelderplanes total entstellt werden, wenn die einen Lehrer die anthropologische Seite und andere die theologische Seite überbetonen. So wurde ein heuristisches Instrument entwickelt, das für die didaktische Analyse und unterrichtliche Strukturierung der einzelnen Themenfelder von zentraler Bedeutung ist und den sachgerechten Gebrauch des Planes garantieren soll: das „Didaktische Strukturgitter", das von der mittelfristigen Curriculumforschung her bekannt ist.
Zwei Aufgaben *(Menck)*[11] sind bei der Konstruktion von didaktischen Strukturgittern miteinander verbunden: 1. Analyse der Fachstruktur und 2. Analyse von Lehrmethoden. Da-

mit verbindet das Strukturgitter „die fachliche Strukturierung von Themenkreisen mit methodischen Prinzipien, die ihre Auslegung in Lehrmethoden finden.“[12]

Dem nachfolgenden Strukturgitter[13] liegt ein solches Verständnis zugrunde. Es kreuzen sich zwei Ordnungsreihen: „eine strukturell-inhaltliche in der waagrechten und eine didaktisch-methodische in der senkrechten Dimension“ *(Blessenohl)*[14].

Hierbei werden drei Lernstufen vorgeschlagen: kommunikative Information, interpretative Entfaltung und engagierte Stellungnahme (siehe Seite 104).

So ist mit Hilfe des Strukturgitters bei jedem einzelnen Themenfeld zu fragen: „Welche Bedeutung kommt dem Themenfeld zu in den Erfahrungsbereichen des Schülers: I. im eigenen Leben, II. im Leben mit anderen, III. in der Begegnung mit Religion und Religionen, IV. in der Begegnung mit der Kirche. Was ist zum Thema an Informationen, was an Interpretationen zu leisten, zu welchem Engagement ist zu führen?“[15]

Hier wird versucht, die lerntheoretische Erkenntnis anzuwenden, daß die Erfahrung der Kinder ein wichtiger Faktor im Lernprozeß darstellt (*Roth*[16]/*Antenbrink*[17]/*Kaiser*[18]).

Dabei werden die Probleme der Kinder nicht mehr wie früher nur als „Einstieg“ oder „Aufhänger“ benutzt für die eigentlichen theologischen Themen, sondern sie erhalten selbständiges Gewicht.

Die vier Erfahrungsbereiche des Strukturgitters sind nicht getrennt nebeneinander zu sehen. „Fraglos ist es so, daß die ganze Erfahrungswelt des Schülers – die bewußt erlebte, die in seiner Lebensgeschichte verborgene, wie auch eine potentiell noch anzubahnende – im didaktischen Spannungsbogen von Individualität und Sozialisation aufgewiesen werden kann. Alles, was der Schüler erlebt, was ihm widerfährt, was er bewertet, benutzt, annimmt oder verwirft, was ihn angeht oder ihn gleichgültig bleiben läßt – erfährt er als seine eigene Welt, aber auch als eine Welt, die er mit anderen und durch andere erfährt.“ *(Blessenohl)*[19]

Aus diesem Verständnis heraus werden auch die drei Schritte des Lernprozesses interpretiert:

„Von der Information wird gewünscht, daß sie kommunikativ sei. Die zwischenmenschlichen Aktionsformen eines informierenden Unterrichts sollen nicht durch die größere sprachliche und sachliche Kompetenz des Lehrers zu Ungunsten der Schülerkompetenz geprägt sein. Auf der zweiten Stufe soll ‚interpretativ entfaltet‘ werden. Es geht um die innere Distanzierung des Schülers zu seiner erfahrenen Welt, um ein Erfassen, Verstehen, Unterscheiden, Deuten, Auswerten dessen, was (auf der 1. Stufe) wahrgenommen, beschrieben, dargestellt wird. Der Lernprozeß drängt – wenn die ersten zwei Stufen angemessen der Sache und dem Lernenden gegenüber durchlaufen sind – zu einer engagierten Stellungnahme. Verhaltens- und Einstellungsweisen werden bewertet, umstrukturiert, auf- oder abgebaut, für Lösungen gleicher, ähnlicher oder zukünftiger Aufgaben aufgrund der aufgearbeiteten Erfahrungen neu orientiert.“[20]

Dies zu ermöglichen, setzt natürlich folgende Auffassung von Religionsunterricht voraus: „Die Erfahrungswelt des Schülers soll lokalisiert, thematisiert, erschlossen, aufbereitet, in die religiöse Dimension geführt, mit kirchlichem Leben und Lehren konfrontiert werden. Das Strukturgitter erinnert den Lehrer daran, daß nur solche Inhalte den Lernprozeß im Religionsunterricht anstoßen und durchtragen, die jeweils Erfahrungen der Schüler durch die Bereiche I bis IV hindurch thematisieren, artikulieren, problematisieren. Diese rigorose Forderung, jedes Themenfeld aus seinem Erfahrungshintergrund beim Schüler, auch in dessen Begegnungen mit Religion im allgemeinen und mit der Kirche Jesu Christi im besonderen zu durchleuchten, kann Religionsunterricht vor den Verkürzungen bewahren, die ihm

Was ist für das Themenfeld in den Lernstufen zu leisten?	Welche Bedeutung kommt dem Themenfeld zu in den Erfahrungsbereichen des Schülers?			
	I Im eigenen Leben	II Im Leben mit anderen	III In der Begegnung mit Religion und Religionen	IV In der Begegnung mit der Kirche
1. Kommunikative Information				
2. Interpretative Entfaltung				
3. Engagierte Stellungnahme				

als ‚Daseinsunterricht' oder als ‚Auslegung heutiger Wirklichkeit', als ‚Eröffnung von Welt' leicht unterlaufen könnten. Andererseits nimmt ein Religionsunterricht, der so fundiert ist, die pädagogischen Anliegen dieser im Gefolge der ‚anthropologischen Wende in der Theologie' stehenden Reformkonzeptionen von Religionsunterricht auf."[21]
Hier kommt deutlich ein interaktionistisches Sozialisationsverständnis zum Vorschein. Nachfolgendes Schaubild zeigt, in welchem Entwicklungsprozeß Curricula bei der Realisierung des Zielfelderplanes entstehen [22] (siehe Seite 106).

3. Zielfelderplan – ein ‚offenes Curriculum'?

Kann man diesen Zielfelderplan als ein „offenes Curriculum" bezeichnen? Zur Überprüfung wollen wir die bei der Behandlung des Themas „Curriculum" aufgeführten Kriterien für offene Curricula von *H. Brügelmann* benutzen.[23]

1. Offenheit des Entwicklungsprozesses

Der Zielfelderplan ist offen für eine fortlaufende Revision seiner Ziele und Inhalte: „Die Kommission hielt ein möglichst synchrones Revisionsverfahren von der Gesamtstruktur des Planes und der Bereitstellung von Themenfeldskizzen für angebrachter und der weiteren Entwicklung für dienlicher. Die Auseinandersetzung mit dem Plan an der Basis und die von dort eingebrachte Kritik wird aufweisen, was vom Entwickelten in der Erprobung standhält".[24]
Weiter heißt es dort: „Die Kommission hat ihre Arbeit zu einem vorläufigen Abschluß gebracht. Der vorliegende Planentwurf bedarf der ständigen Revision durch Theorie und Praxis".[25]
Diese Offenheit bezieht sich auch auf die Veränderbarkeit *durch* Unterricht. „Die festgelegten, im Plan vorgeschlagenen Themenfelder sind modellhaft fixierte Punkte, die sich auch verlagern können und sich auf eine andere, als die im Plan angegebene Weise im Unterricht durchführen lassen. Die thematischen Bestimmungen innerhalb einer Einheit erlauben ohne weiteres, daß die punktuellen Festlegungen der Planmacher zur Konkretisierung im Unterricht vom Lehrer für sein Unterrichtsvorhaben wieder zurückgenommen werden und er zu anderen Konkretionen kommt".[26]

2. Instrumentale Offenheit

Der Zielfelderplan beansprucht weder eine Deduktionskette: Qualifikationen, Richtziele, Verfahren, Medien aufzustellen, noch will er rein das Ergebnis wissenschaftlicher Untersuchungen sein. Die Themenfelder haben sich ergeben aus der Unterrichtserfahrung und dem Informationsstand der Mitglieder der Planungskommission, aus den Erfahrungswerten der Praktiker, durch den Vergleich und die Analyse von Lehrplänen, aus den Vorschlägen in religionspädagogischen Veröffentlichungen, durch Beobachtung der Modellentwicklung und einige auch aus der inneren Logik des einzelnen Zielfeldes.[27]
Die Vorschläge der Themenfelder sind lediglich als Hypothesen zu verstehen, die nur unter bestimmten Bedingungen eine gewisse Gültigkeit beanspruchen. „Nimmt man die Forderung nach Berücksichtigung der Schülersituation ernst, kann man kein Plansoll aufstellen. Will man einen ‚offenen Plan', kann man ihn nicht gleichzeitig einengen. Will man dem Leh-

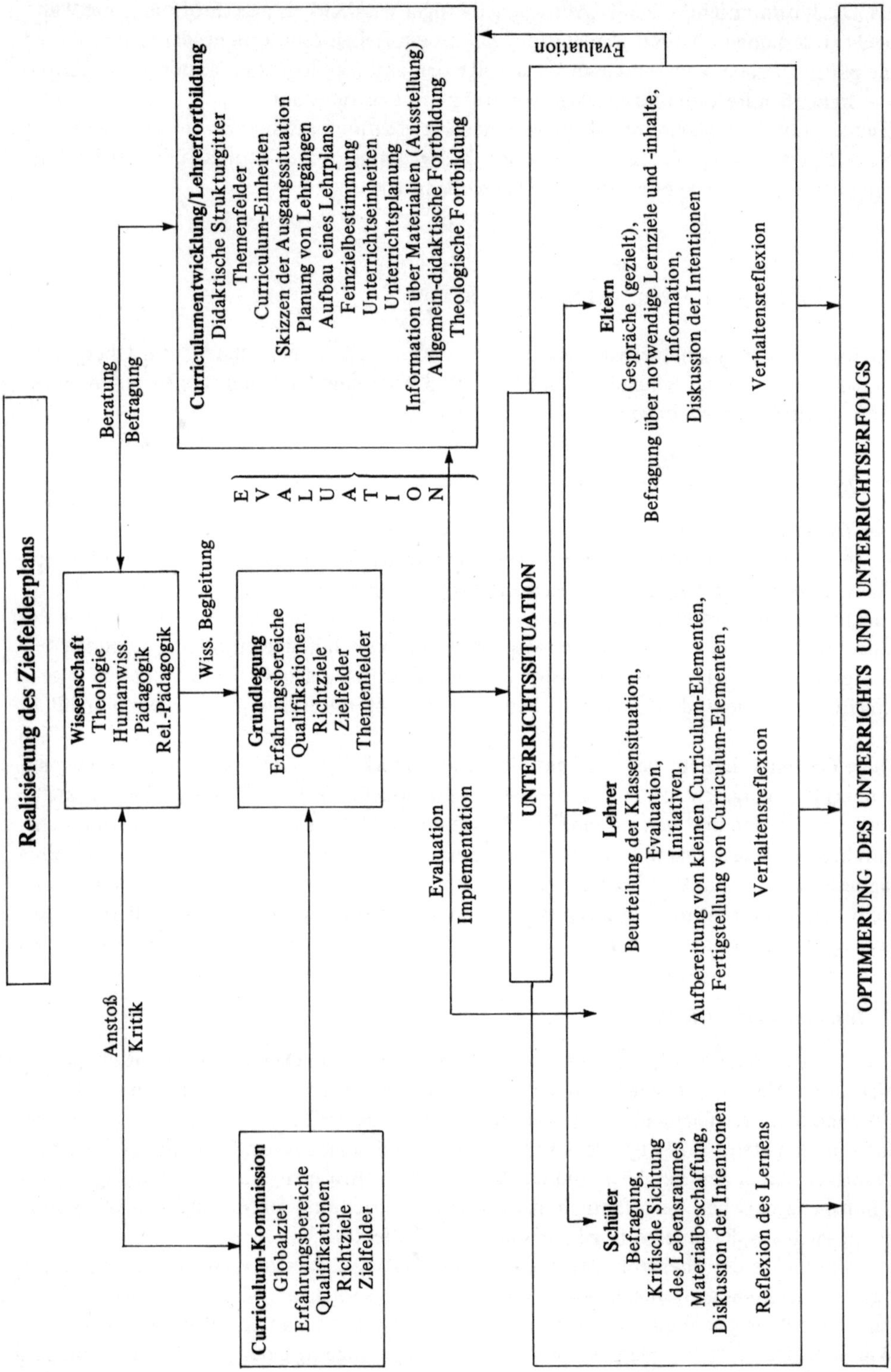
Realisierung des Zielfelderplans
Curriculum-Kommission
Globalziel
Erfahrungsbereiche
Qualifikationen
Richtziele
Zielfelder
Anstoß
Kritik
Wissenschaft
Theologie
Humanwiss.
Pädagogik
Rel.-Pädagogik
Beratung
Befragung
Curriculumentwicklung/Lehrerfortbildung
Didaktische Strukturgitter
Themenfelder
Curriculum-Einheiten
Skizzen der Ausgangssituation
Planung von Lehrgängen
Aufbau eines Lehrplans
Feinzielbestimmung
Unterrichtseinheiten
Unterrichtsplanung
Information über Materialien (Ausstellung)
Allgemein-didaktische Fortbildung
Theologische Fortbildung
Wiss. Begleitung
Grundlegung
Erfahrungsbereiche
Qualifikationen
Richtziele
Zielfelder
Themenfelder
EVALUATION
Evaluation
Implementation
UNTERRICHTSSITUATION
Evaluation
Schüler
Befragung,
Kritische Sichtung
des Lebensraumes,
Materialbeschaffung,
Diskussion der Intentionen
Reflexion des Lernens
Lehrer
Beurteilung der Klassensituation,
Evaluation,
Initiativen,
Aufbereitung von kleinen Curriculum-Elementen,
Fertigstellung von Curriculum-Elementen,
Verhaltensreflexion
Eltern
Gespräche (gezielt),
Befragung über notwendige Lernziele und -inhalte,
Information,
Diskussion der Intentionen
Verhaltensreflexion
OPTIMIERUNG DES UNTERRICHTS UND UNTERRICHTSERFOLGS

rer und um der Effektivität seines Unterrichts willen, Freiheit geben, kann man seine Planung nicht im voraus zentral festlegen".[28] „Im Unterschied zu einem verpflichtenden Stoffplan versteht er sich als flexibles Angebot, aus dem für die jeweilige Planung oder den konkreten Unterricht auszuwählen ist".[29]

3. Normative Offenheit

In diesem Plan ist eine Vielfalt von alternativen Lehrangeboten möglich. Die im Gesamtplan ausgewiesenen freien Felder und das Strukturgitter geben die Möglichkeit, jederzeit Ergänzungen durch Lehrer und Schüler vorzunehmen.

4. Didaktische Variabilität

Das Strukturgitter gewährleistet, ein Thema von verschiedenen Seiten her anzugehen und verschiedene Dimensionen des Lernprozesses zu bedenken (sukzessiv-lineare Strukturierung; thematisch-konzentrische Struktur; diskontinuierliche Strukturierung). Somit wird eine Engführung des Lernverständnisses vermieden.

5. Inhaltsoffenheit

Die Themen sind nicht eng theologisch ausgewählt, sondern lassen Offenheit für interdisziplinäre Fragestellungen, situationsspezifische Probleme und außerchristliche Weltsichten zu.

6. Offenheit des Lernerfolgs

Da den Schülern in gleichen Lernsituationen individuelle Lernerfahrungen ermöglicht werden sollen, wurde auf die Forderung nach strenger Operationalisierung verzichtet. Eng verbunden mit der Frage, ob dieser Plan ein offenes Curriculum darstellt, ist die Klärung, ob es sich hier um eine *schulnahe* und *pragmatische* Curriculum-Entwicklung handelt.
Von einer schulnahen Entwicklung kann deshalb gesprochen werden, weil die Hauptträger der Entwicklungsarbeit nicht die Curriculum-Experten aus der Wissenschaft, sondern die Praktiker waren und sind. „Eine nicht geringe Anzahl von sogenannten ‚Praktikern an der Basis' haben sich mit der Theorie curricularer Forschungsergebnisse auseinandergesetzt, um sie in der konkreten Planung für den Schulalltag wirksam werden zu lassen".[30] Weiter ist die Schulnähe darin zu sehen, daß die Themen als Angebot im Sinne einzelner „Halbfertigprodukte" anzusehen sind, die erst durch den Unterricht zu „Fertigprodukten" werden. Besonders wichtig ist, daß die Revision von der Basis her erfolgt und dabei die Revision zugleich Lehrerfortbildung ist.
„Ausgehend von vorhandenen Initiationen muß diese Arbeit in ‚schulnaher Curriculumentwicklung' erst in Gang gebracht werden. Durch die Nennung von Themenfeldern werden nur erste Anhaltspunkte für diese weiterführende Arbeit gegeben. An sie kann in der Lehrerweiterbildung angeknüpft werden.
Durch dieses Verfahren werden die Kriterien für Curriculumentwicklung einerseits und Unterrichtsplanung andererseits, den wechselnden Bedürfnissen der jeweiligen Lerngruppe entsprechend, vermittelt. Die Erfahrungen bei dieser Umsetzung bieten wiederum eine Möglichkeit zur Überprüfung der Kriterien".[31] Für Schulnähe spricht weiter die Tatsache, daß neben dem Lehrer Schüler und Eltern an der Curriculum-Revision beteiligt sind.

Die pragmatische Seite dieser Curriculumentwicklung liegt darin, weil der Plan auf die Bedürfnisse und die Ausgangslage der Schüler bezogen ist, weil er seine Legitimation nicht in erster Linie von der Wissenschaft her bezieht, sondern von der Konsensbildung der Betroffenen, und weil die Curriculumarbeit eng mit der Lehrerfortbildung gekoppelt ist.
Entscheidend für die Weiterentwicklung dieses Planes war die bemerkenswerte Offenheit, mit dem sich die Verantwortlichen des Zielfelderplanes dem Dialog mit den Wissenschaften gestellt haben. Die Ergebnisse dieser „Auseinandersetzung" haben *Rudi Ott* und *Gabriele Miller* 1976 veröffentlicht.[32]

4. Zielfelderplan der Primarstufe

Die ständige Revision durch die Praxis und das Gespräch mit den Bezugswissenschaften machte es möglich, daß 1977 ein Zielfelderplan für die Primarstufe vorgelegt werden konnte, der im Grundkonzept wesentliche Verbesserungen aufweist. Eine Hauptschwäche des Zielfelderplanes der Sekundarstufe I lag darin, daß die spezifische Qualität der vier Erfahrungsbereiche nicht gleicher Art ist: den echten Erfahrungsbereichen I und II stehen die Erfahrungsbereiche III und IV gegenüber, die von fachspezifischen Inhalten wesentlich geprägt sind. Diese Schwäche hatten die Autoren auch klar erkannt: „Im Religionsunterricht ist einerseits die religiös-christliche Dimension situationsbezogener Grunderfahrungen der Schüler zu erschließen und andererseits die situativ-existentielle Bedeutung der christlichen Botschaft den Schülern transparent zu machen. Beide Ansätze durchdringen sich wechselseitig. So gesehen ist die Entscheidung, Erfahrungsbereiche als Grundraster des gesamten Plans zu wählen, Programm, das allerdings in der Durchführung an vielen Stellen hinter diesem Postulat zurückbleibt".[33]
Der neue Plan scheint dieses Dilemma gelöst zu haben; er stellt bei der Auswahl der Ziele und Inhalte Glaube und Lebenssituationen als gleichbedeutsame Größen nebeneinander. „Die Begründung für diese grundsätzliche Gleichwertigkeit von Lebenssituation und Glaubensüberlieferung nimmt der Plan aus der anthropologischen Wende der Theologie, nach der bei jeder theologischen Aussage zwischen ihrer Heilsbedeutsamkeit ‚an sich' und der Heilsempfänglichkeit des Adressaten der Aussage gegenüber als gleichgewichtigen Größen zu unterscheiden ist." *(Baudler)*[34]
Indem nun die Lebenssituationen der Kinder und die Botschaft des Evangeliums gegenseitig gefiltert werden, ergeben sich die einzelnen Intentionen und Themen des Plans. So gelangen in den Bereich „Lebenssituationen" nur solche Themen und Intentionen, die theologisch relevant sind und in den Bereich „Glaube und Kirche" nur solche Themen, die für die Lebenssituationen der Kinder eine entsprechende Bedeutung haben. Das Schaubild auf S. 109 zeigt, wie dieses Filtern von Zielen und Inhalten gedacht ist.[35]
Dieses Problem der Gleichwertigkeit von anthropologischem und theologischem Anspruch versucht nun der neue Plan durch ein verbessertes „didaktisches Strukturgitter" und durch ein „didaktisches Planungsraster" fester in den Griff zu bekommen. Mit dem neuen Strukturgitter[36] kann man die Inhalte effektiver begründen und legitimieren. „Es enthält in den senkrechten Spalten die christlichen Grundhaltungen Glauben, Lieben, Hoffen und in den waagrechten die menschlichen Grundgegebenheiten Zuwendung/Bejahung, Befreiung/Freiheit, Bestätigung/Bestärkung, Beeinträchtigung /Begrenztheit, Nicht-Annahme/Ablehnung;

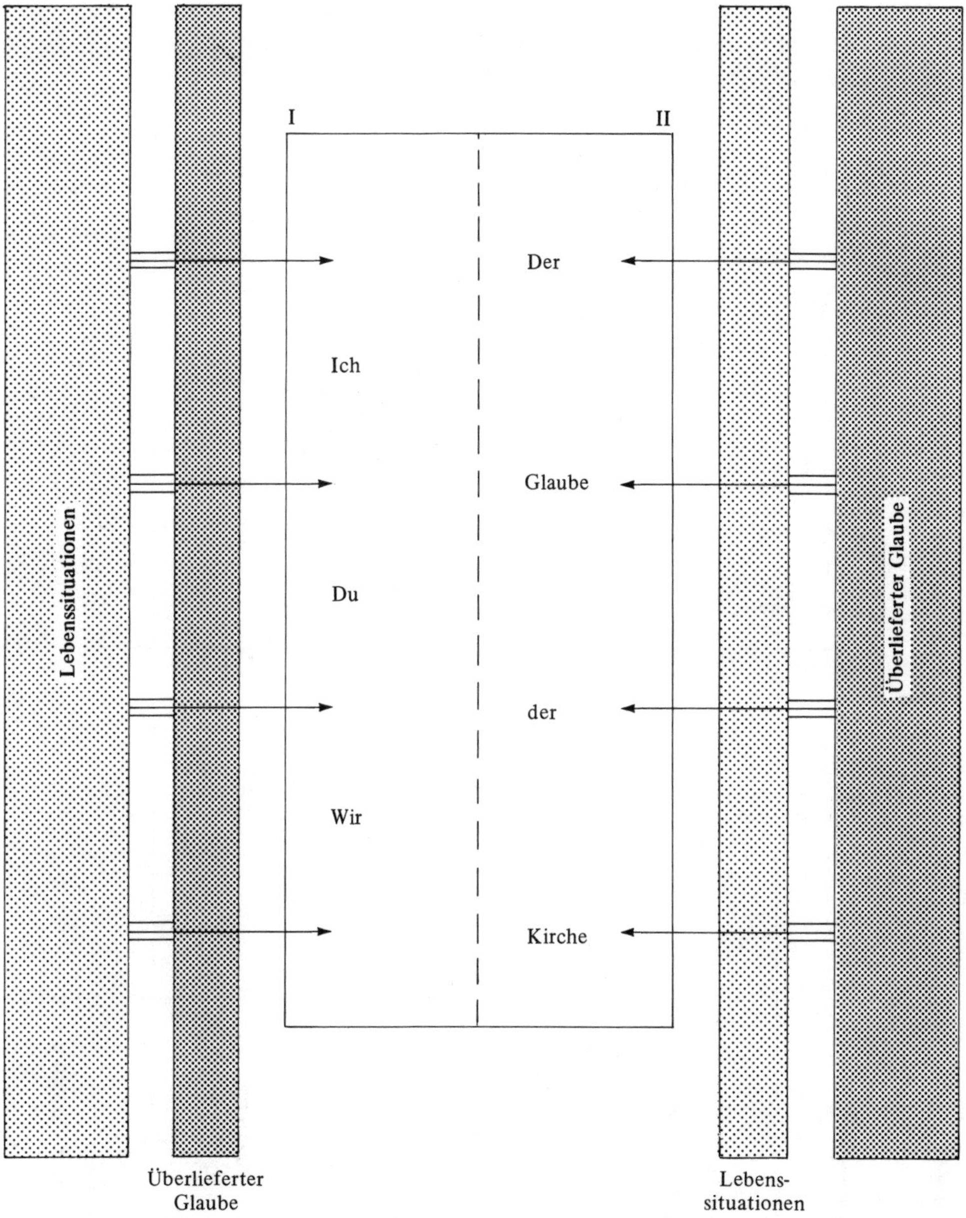

und es legitimiert nun jede der im Plan aufgeführten 210 Intentionen (und Themen) dadurch, daß ihr ein bestimmter Ort in dem so gebildeten Gitter zugewiesen wird "[37] (siehe Seite 110). Hier scheint der Versuch gelungen zu sein, die Unterrichtsziele und -inhalte genau in den Schnittpunkt von menschlicher Lebenserfahrung und christlicher Glaubensbotschaft zu bringen.

Didaktisches Strukturgitter

Menschliche Grundgegebenheiten	Christliche Grundhaltungen		
	Glauben	Lieben	Hoffen
A_1 Grunderfahrungen: Zuwendung/Bejahung			
B_1 Grundbefindlichkeiten: Befreiung/Freiheit			
C Grundbedürfnisse: Bestätigung/Bestärkung			
B_2 Grundbefindlichkeiten: Beeinträchtigung/Begrenztheit			
A_2 Grunderfahrungen: Nicht-Annahme/Ablehnung			

Didaktisches Planungsraster

	Schuljahr: Rahmenthema: Unterrichtsthema:	Bereich: Intention:	
Bekanntwerden	X		Bekanntwerden
Verstehen	Y	Z	Verstehen
Realisieren			Realisieren
	Grunderfahrung: Grundbedürfnis: Grundbefindlichkeit:	Christliche Grundhaltung: Revisionsstand:	

Während das „didaktische Strukturgitter“ die Inhalte und Intentionen zu legitimieren versucht, soll das „didaktische Strukturraster“[38] ermöglichen, daß im Unterricht die beabsichtigte Verflechtung von Lebenssituationen und Glaubensüberlieferung in der richtigen und notwendigen Weise zum Tragen kommt (siehe Seite 110/111).

„Durch diesen Planungsraster wird der unterrichtende Lehrer dazu angeregt, einerseits die ‚empirische‘ Situation der vor ihm sitzenden Kinder und das dadurch bedingte Sprachspiel, andererseits aber auch den Standpunkt und die Sichtweise des christlichen Glaubens im Auge zu behalten, der von ihm mit dem Ziel einzubringen ist, dem Kind die religiöse Dimension der Wirklichkeit zu erschließen und es dadurch zur Offenheit und Entscheidung für eben diesen christlichen Glauben zu befähigen“[39].

Die Verknüpfung von Anthropologie und Theologie ist in diesem Plan deutlicher gelungen als in dem Plan der Sekundarstufe. Dies war nur möglich, weil sich immer deutlicher die Richtung der Theologie durchsetzt, die das Verhältnis von Offenbarung und Erfahrung nach dem Modell eines Frage-und-Antwort-Geschehens zu interpretieren versucht. Hierbei muß der Glaube seine eigene Überlieferung als ein ebenfalls spezifisches Frage-und-Antwort-Geschehen mit einbringen. Er sieht seine aus der Vergangenheit stammenden Glaubenssätze als geschichtlich geprägte Antworten auf geschichtlich geprägte Fragen an. *Fuchs* schreibt[40]:

„Korrelation von Offenbarung und Erfahrung bedeutet also das Frage-und-Antwort-Geschehen der Gegenwart mit dem Frage-und-Antwort-Geschehen einer bestimmten Vergangenheit so zu verknüpfen, daß ihre jeweilige Eigenart so ins Licht gerückt wird, daß ein erneuter Frage-Antwort-Prozeß entsteht, durch den der überlieferte Glaube als geschichtlich geprägter, in der konkreten Geschichte gelebter, auch heute glaubwürdig und annehmbar erscheint. Anders gesagt: daß die notvollen und heilbringenden Erfahrungen, die ‚damals‘, z.B. in Bekenntnisaussagen gesammelt und bewahrt wurden, so zur Sprache gebracht werden, daß heutige notvolle und erlösende Erfahrungen durch diese in Frage gestellt und widerlegt, aber auch bestätigt und vertieft werden. Genau um diesen Übersetzungs- und Vermittlungsprozeß scheint es dem Zielfelderplan zu gehen.“

5. Zielfelderplan – offenes Curriculum – Synodenpapier

Der Zielfelderplan der Sekundarstufe I zeigt, daß die Behauptung unter 1.3 des Beschlusses, vor dem Erstellen des Synodenpapiers sei viel auf religionspädagogischem Gebiet geschehen, voll zutrifft. Die Synode brauchte nicht erst in bezug auf Inhalte und Ziele des Religionsunterrichts und ihrer Realisierung von vorne zu beginnen, sondern sie konnte die durch Theorie und Praxis geleistete Vorarbeit sichten, bewerten und daraus Forderungen für die Zukunft aufstellen. Man kann also bei diesem Plan nicht fragen, ob er den Vorstellungen des Synodenpapiers entspricht, sondern umgekehrt, wo schlagen sich Grundgedanken des Zielfelderplanes und der dahinterstehenden Konzeption im Synodenpapier nieder? Da die Grundtendenz des Synodenpapiers die gleiche ist wie die der Autoren des Zielfelderplanes und sich diese Auffassung wie ein roter Faden durch den ganzen Beschluß zieht, könnte man fast das ganze Papier als Beweis für den Zusammenhang von beiden nehmen. Alle Stellen des Synodenpapiers, die bei der Behandlung der Gebiete Interaktion, Identitätsfindung, Ich-Stärkung, Emanzipation angeführt wurden, wären hier nochmals zu nennen. Weiter seien hier noch einige markante Stellen des Synodenpapiers dem Sinn nach zusammengefaßt oder zitiert, die in bezug auf Schüler, Lehrer, Inhalte und Theologie den Zusammenhang verdeutlichen.

2.3 – „Mit ‚Religion' in weitem Sinn wird eine Dimension des individuellen und sozialen Lebens angesprochen" (. . .)
2.3.1 – „Die Frage nach dem Sinn-Grund oder Transzendenzbezug kann durch bestimmte Ereignisse im Leben der Schüler angestoßen werden."
2.3.2 – Der Schüler soll „die Fragwürdigkeit des eigenen Lebens, der Gesellschaft und der Welt in den Blick (. . .) bekommen. (. . .) Er soll auch die menschlichen Fragen und Bedürfnisse wahrnehmen und formulieren können." Er soll lernen, „zu fragen und sich in Frage stellen zu lassen". Es sollen „alle bedeutsamen menschlichen Erfahrungen zur Sprache" gebracht werden, „also auch und vor allem die Grund- und Grenzsituationen des menschlichen Lebens."
2.4.2 – „Theologie, die den Glauben reflektiert und verantwortet, muß deshalb offen und sensibel sein für den Menschen, seine Befindlichkeit, seine Situation, seine Vorstellungen, Nöte und Bedürfnisse. Was sie zu sagen hat, muß auf die Grundsituation des Menschen eingehen. (. . .) Der Religionsunterricht muß diese anthropologische Dimension des christlichen Glaubens zur Geltung bringen".
2.5.3 – „Der Schüler, dessen Situation und Erfahrung, bilden ein unabdingbares Kriterium der Auswahl von Zielen und Inhalten".
2.5.4 – „Der Betroffenheit und Spontaneität des Schülers" ist „genügend Raum zu lassen. (. . .) Überprüfbarkeit von Zielen" soll „nicht zum alleinigen Auswahlkriterium werden." Ein „offenes Curriculum" ist erforderlich.
2.8.6 – Bereitschaft des Lehrers „zu kritischer Solidarität mit seinen Schülern". Lehrer und Schüler sind „gleichermaßen Befragte und Lernende". Der Lehrer soll fähig sein, sich von den Erfahrungen der Schüler „in Frage stellen zu lassen."

3.3 – „Die Synode fordert vor allem die Eltern auf, ihre Verantwortung für den Religionsunterricht in der Schule zu erkennen."

3.5 – Die Fortbildungsangebote „sind an den Bedürfnissen derer zu orientieren, die sich fortbilden sollen. (. . .) Die Beteiligung der Betroffenen bei der Planung von Fortbildungsveranstaltungen und Reformvorhaben" (. . .) ist wünschenswert.

3.7 – „Die Synode wünscht, daß er (der Religionsunterricht) – den Ansätzen moderner Didaktik gemäß – sich auf die Situationen der Schüler bezieht, sich ihren Fragen stellt, ihren Problemen nachgeht und Erfahrungen zu vermitteln versucht. (. . .) Die Schüler sollen in angemessenem Umfang zu verantwortlicher Mitarbeit bei der Planung und Gestaltung des Unterrichts herangezogen werden."

Während das Entstehen des Synodenpapiers und des Zielfelderplanes für die Sekundarstufe I parallel verliefen, entstand der Zielfelderplan der Primarstufe nach dem Beschluß. An diesem Plan zeigt sich, mit welcher Konsequenz die Forderungen des Synodenbeschlusses, daß Religionsunterricht sowohl pädagogisch als auch theologisch gleichwertig zu begründen sei, in die Praxis umgesetzt wurde. Mit der neueren theologischen Auffassung über das Verhältnis von Anthropologie und Theologie, die im ersten Zielfelderplan etwas zaghaft zum Durchbruch kam, wurde ernst gemacht und die sich daraus ergebenen Konsequenzen sofort didaktisch umgemünzt: Es entstand ein offenes Curriculum.

V. KONFESSIONALITÄT – SYNODENPAPIER

Obwohl unter 2.7 zu lesen ist, daß die Frage der Konfessionalität nicht zum springenden Punkt gemacht werden soll, nimmt die Behandlung dieses Themas im Vergleich zum Gesamttext einen beträchtlichen Umfang ein. Schon bei der Debatte auf der Vollversammlung im Herbst 1973 hatte das Problem der Konfessionalität einen breiten Raum eingenommen, und eine große Anzahl der Synodalen plädierte für die Beibehaltung des Konfessionalitätsprinzips. Dabei wurde immer wieder mit der Verfassung argumentiert, die einen solchen Religionsunterricht garantiere. Bei der Argumentation dürften aber nicht juristische Argumente (2.7.3) im Vordergrund stehen, sondern theologische und pädagogische.
Unter 2.7.1 baut der Text zwei Pole auf – nämlich konfessionell–nichtkonfessionell –, um die es wohl bei der Fragestellung um konfessionellen Religionsunterricht überhaupt nicht geht. Es ist doch vielmehr die Frage zu klären, für welche der bestehenden Auffassungen über die Konfessionalität von Lehre-Lehrer-Schüler entscheidet man sich. Diese Auffassungen lassen sich an fünf Modellen aufzeigen, die sich unter zwei Grundpositionen einteilen lassen:

1. Lehre-Lehrer-Schüler bilden eine konfessionelle Einheit
Konfessioneller Religionsunterricht
Konfessionell-kooperativer Religionsunterricht
2. Lehre-Lehrer bilden eine Einheit; Schüler sind verschiedenen in bezug auf Konfession und Religion
Kooperativ-konfessioneller Religionsunterricht
Bikonfessioneller Religionsunterricht
Multi-konfessioneller Religionsunterricht

Was bedeuten diese Modelle?

Konfessioneller Religionsunterricht:
Lehre, Lehrer und Schüler stimmen in ihrer Konfessionalität überein. Er geht davon aus, daß Religion ausschließlich als institutionalisierte Religion vorkommt und daß Glaube und Glaubensgut an eine Glaubensgemeinschaft gebunden ist. Daraus ergibt sich das enge Konfessionalitätsprinzip.

Konfessionell-kooperativer Religionsunterricht:
Religionsunterricht wird zwar grundsätzlich nach Konfessionen getrennt, aber die Konfessionen arbeiten zusammen.
Er trägt der religiös-konfessionellen Pluralität der heutigen Gesellschaft Rechnung. Dieser Unterricht soll mithelfen, konfessionelle Vorurteile abzubauen und durch Kennenlernen der anderen Konfession die Gesprächsbereitschaft mit ihr zu fördern. *(Vierzig)*[1]

Kooperativ-konfessioneller Religionsunterricht:
Er wird nicht nach Konfessionen getrennt erteilt; er ist bestimmt von der Konfession des Lehrers; Lehre und Lehrer stimmen konfessionell überein, aber nicht die Schüler.
Ein solcher Religionsunterricht fragt zuerst nach dem Sinn des Daseins; die daraus sich ergebenden Probleme konfrontiert er mit Christentum und Konfessionen. *(Scholl)*[2]

Bikonfessioneller Religionsunterricht:
Stimmt organisatorisch mit dem kooperativ-konfessionellen Religionsunterricht überein. Ein solcher Religionsunterricht reflektiert über das Faktum konfessioneller Prägungen und Bindungen. Sein Ziel ist, den Ursprung des christlichen Glaubens und seine historische Bedingtheit durch die jeweilige konfessionelle Prägung zu erkennen. Dieser Religionsunterricht geht – im Gegensatz zum kooperativ-konfessionellen – nicht von der subjektiven religiösen Frage aus, sondern vom Christentum. *(Otto*[3] */Werner*[4]*)*

Multikonfessioneller Religionsunterricht:
Stimmt organisatorisch mit den beiden vorigen überein. Dieser Religionsunterricht fühlt sich nicht nur den beiden großen Konfessionen des Christentums, sondern der Gesellschaft in ihrer Gesamtheit verpflichtet. Dieser Religionsunterricht nimmt die Pluralität der Konfessionen und Religionen wahr und fragt nach dem, was sie in ihrer Vielfalt konstituiert. *(Halbfas)*[5]

Der im Synodenpapier konzipierte Religionsunterricht legt sich auf das konfessionell-kooperative Modell fest (2.7.4; 2.7.1), läßt aber die Möglichkeit eines kooperativ-konfessionellen Religionsunterrichts zu (2.7.5).

2.7.4
In „der öffentlichen Schule (sollen) Lehrer, Lehre und in der Regel auch die Schüler in einer Konfession beheimatet sein."

2.7.1
Der „hier konzipierte Religionsunterricht" ist nicht „eng konfessionalistisch zu verstehen". „. . . so ist auch der konfessionelle Religionsunterricht zur Offenheit verpflichtet; der Gesinnung nach ist er ökumenisch."
Das unter 2.7.4 ausgedrückte „in der Regel" deutet an, was sich in 2.7.5 niederschlägt: „In der gegenwärtigen kirchlichen und bildungspolitischen Situation ist es weder angebracht noch möglich, starr und absolut am Konfessionalitätsprinzip des Religionsunterrichts festhalten zu wollen. Gelegentlich empfiehlt sich die Kooperation der Konfessionen im Religionsunterricht, zum Beispiel bei gemeinsam interessierenden Themen und Aktionen. Darüber hinaus können Modellversuche, Sonderfälle und Ausnahmesituationen Modifikationen des Konfessionalitätsprinzips erfordern. Im konkreten Fall soll man sich für Lösungen einsetzen, die den berechtigten Interessen der Schüler (bzw. den Wünschen der Erziehungsberechtigten) am besten entsprechen."

Was würde für einen kooperativ-konfessionellen Religionsunterricht sprechen?

Ein Religionsunterricht, der nicht die allgemein religiöse Grundtendenz des Menschen schon im Ansatz mit berücksichtigt, sondern nur von einem an der Kirche gebundenen Bekenntnis ausgeht, erfaßt nicht die religiösen Erfahrungen und Impulse, die in der gegenwärtigen Gesellschaft nicht-institutionsgebunden anzutreffen sind *(Berger*[6] */Luckmann*[7]*)*.
„Darüber hinaus kommt sie zu falschen, d.h. realitätsfremden Schlüssen hinsichtlich der Ziele und Inhalte des Religionsunterrichts, wenn sie pauschal eine an eine bestimmte Glaubensgemeinschaft gebundene Konfessionalität zur Voraussetzung des Religionsunterrichts macht" *(Esser)*[8].

Wenn ein Religionsunterricht nicht nur für den konfessionell gefestigten und gläubigen Schüler da sein soll, sondern – wie es im Synodenpapier heißt – auch für den „suchenden, im Glauben angefochtenen und glaubensunwilligen Schüler", so kann er nur das als Grundlage haben, was allen Schülern gemeinsam ist: die Religiosität. Dabei ist allerdings die Bedeutung der Konfessionalität zur Festigung der Religiosität nicht zu unterschätzen. „Aus dem Verhältnis zwischen menschlicher Religiosität und Konfessionalität erwächst dem Religionsunterricht die dialektische Aufgabe, diese menschlichen ‚Grundbedürfnisse' füreinander aufzuschließen. . . Das schließt einen Religionsunterricht der Glaubensinformation und Glaubensunterweisung ebenso aus wie einen Unterricht in Religionskunde, weil beide menschliches Dasein nicht in seiner Selbsttranszendenz erschließen und von einer unerschlossenen Religiosität keine personale Übersetzung von Glaubensinformationen und Religionskunde in Konfessionalität als verantwortete Überzeugung und gelebtes Bekenntnis erwartet werden kann" *(Esser)*[9].

Auch von der Curriculumforschung kann die Frage nach dem kooperativ-konfessionellen Religionsunterricht gestellt werden. Didaktischer Ausgangspunkt ist die Lebenswirklichkeit des Schülers. Erst nach der Analyse dieser Wirklichkeit wird nach Antworten und Lösungsmöglichkeiten von seiten des Christentums gesucht. Dieser Ansatz ist bei den meisten Religionspädagogen sowohl auf der evangelischen als auch auf der katholischen Seite unbestritten.

„Nicht nur die Ausgangspunkte, sondern auch die pädagogischen und theologischen Ergebnisse haben sich weitgehend einander angenähert. Man kann jetzt wirklich mit voller Berechtigung von einer einzigen Disziplin ‚Didaktik des RU' sprechen, statt, wie vorher, von zwei nebeneinander herlaufenden (einer katholischen und einer evangelischen). Natürlich gibt es in ihr verschiedene Meinungen, Standpunkte und Gruppierungen (z.B. mehr ‚konservative' und mehr ‚progressive'), aber diese sind nicht von der Konfessionszugehörigkeit abhängig. Konfessionelle Unterschiede spielen in der Fachdiskussion so gut wie keine Rolle mehr, nicht weil sie verdrängt wurden, sondern weil die Bemühung um die Probleme der heutigen Welt der Didaktik des RU zu einer neuen, gemeinsamen theologischen Basis verhalf. Diese deutet sich bereits darin an, daß die wichtigsten religionspädagogischen Veröffentlichungen, vor allem die praktischen Unterrichtsmodelle und Arbeitsmaterialien, jeweils von evangelischen und katholischen Herausgebern gemeinsam verantwortet in ökumenischen Verlagsgemeinschaften erscheinen. Die interkonfessionelle Übereinstimmung dokumentiert sich aber noch mehr in den vorliegenden Ergebnissen unzähliger Tagungen, Kommissionen, Arbeitsgemeinschaften und Projektgruppen, in überregionalen und lokalen Initiativen und Aktionen. Als Beispiel sei hier nur der gemeinsame Lernzielkatalog der katholischen und evangelischen Religionspädagogen an der Pädagogischen Hochschule (seit 1.8.1972 Erziehungswissenschaftliche Fakultät der Universität) München für eine einheitliche theologische und religionspädagogische Ausbildung der Studenten beider Konfessionen aus dem Wintersemester 1970/71 erwähnt". *(Pfister)*[10]

Hätte die Synode konsequent den Ansatz eines situativ-problemorientierten Religionsunterrichts, den sie sonst vertreten hat, bei der Frage der Konfessionalität weiterverfolgt, hätte die Befürwortung eines kooperativ-konfessionellen Religionsunterrichts deutlicher ausfallen müssen. Die Möglichkeit dazu ist aber durch diesen Beschluß nicht verbaut, sondern ausdrücklich erwähnt und würde der immer wieder im Papier geforderten Offenheit entsprechen.

VI. LEHRER – SYNODENPAPIER

In der Situationsbeschreibung wird klar herausgestellt (1.1.2), in welcher schwierigen Situation sich der Religionslehrer in den letzten Jahren befand und heute noch befindet. Religionslehrer müssen herhalten als „Prellbock" für Schwächen und Versäumnisse des „Systems"; sie fühlen sich hilflos und allein gelassen angesichts der Veränderung in der Kirche und der Vielstimmigkeit der Theologie; die Vielzahl von Bücherneuerscheinungen verwirrt ihn; er blickt nicht mehr durch.

„Das Gefühl, auf verlorenem Posten zu stehen, hat weite Kreise jener Menschen erfaßt, die sich berufsmäßig der religiösen Erziehung der Heranwachsenden widmen" *(Schmitt)*[1].

Mit dem neuen Verständnis von Religionsunterricht konnte er sich kaum zurechtfinden. Bestand doch seine bisherige Funktion eher darin, „Lehrmittel der Kirche" *(Meueler)*[2] zu sein. „Nicht die Einmaligkeit seines Glaubens und Engagements war verlangt, sondern daß er möglichst getreu und objektiv als Lautsprecher der Kirche das depositum fidei mitteilte" *(Battke)*[3].

Nun eine ganz andere Funktion. Er soll den Schülern Orientierungshilfen geben und ist dabei gleichermaßen Befragter und Lernender, der sich auch von den Erfahrungen der Schüler in Frage stellen lassen muß (2.8.6). „Das bedeutet für den Religionslehrer eine neue Einstellung der Schülerschaft gegenüber, die besonders für die Pfarrer oft ein Umdenken verlangt" *(Volz)*[4].

Wie sieht die Synode den zukünftigen Religionslehrer?
Zunächst soll er sensibel sein für die religiöse Dimension der Wirklichkeit und Sachkompetenz mitbringen, indem er über Methoden und Sachkenntnisse verfügt und pädagogisch-didaktisch versiert ist (2.8.1). Weiter soll er in Religion und Glauben einen festen Standort haben (2.8.2) und das Evangelium glaubwürdig bezeugen (2.8.3). Dazu kommt, daß er einerseits die Verantwortung der Kirche für die Inhalte des Religionsunterrichts mittragen (2.8.4), andererseits aber Fehler und Schwächen der Kirche aufdecken und gleichzeitig bereit sein soll zu Veränderungen und Reformen (2.8.5). Schließlich soll er kritische Solidarität mit seinen Schülern zeigen (2.8.6), und wenn er als Religionslehrer in eine Außenseiterrolle gedrängt wird, weil er sich mit der Sache des Evangeliums identifiziert, dann soll er sich nicht scheuen, diese Rolle bewußt anzunehmen (2.8.7). Wenn man dazu weiter bedenkt, daß im Religionsunterricht neben Theologie und Erziehungswissenschaft noch Philosophie und andere Bezugswissenschaften wie Geschichte, Soziologie und Psychologie berücksichtigt werden sollen, und ferner, daß sich der Lehrer mit Religionen, Konfessionen, Ideologien und Weltanschauungen beschäftigen muß, weil der Schüler in der Auseinandersetzung mit ihnen zu einer persönlichen Entscheidung kommen soll, und wenn er dann noch mit „offenen Curricula" arbeiten soll, muß man fragen: Wo ist ein solcher Lehrer?

Trotz dieser Frage: Die Synode hat einmal deutlich vor Augen geführt, was es heißt, Religionslehrer zu sein in einem Religionsunterricht, der theologisch *und pädagogisch* voll verantwortbar ist.

„Leisten kann der einzelne Religionslehrer das nur unter folgenden Bedingungen. 1. Seine Ausbildung muß bereits ökumenischen Belangen Rechnung tragen und neben der Theologie dem Studium anthropologischer, soziologischer und erziehungswissenschaftlich-didaktischer Fragestellungen Raum geben. 2. Fort- und Weiterbildungsmöglichkeiten müssen entsprechend angeboten und genutzt werden. 3. Die Aufbereitung der Vorlagen und Bücher zur Vorbereitung des Unterrichts muß optimal sein." *(Volz)*[5]

Daß sich die Religionslehrer von einer entsprechenden Ausbildung Hilfe für ihre Arbeit erhoffen, zeigt ein 1972 von *Battke* in der Diözese Rottenburg durchgeführte empirische Untersuchung. „95% sind der Meinung, daß die Ausbildung für diesen Beruf verändert werden soll. Vor allem sollte mehr Wert auf eine profunde pädagogische Ausbildung (70%), auf psychologische Kenntnisse (56%) und auf studienbegleitende Praktika (47%) gelegt werden"[6].

Battke sieht auch, welch enorme Mehrarbeit und -belastung auf einen Religionslehrer zukommen kann. Deshalb fordert er: „Die durchschnittliche Qualifikation des Religionslehrers kann nicht wesentlich über das hinaus gesteigert werden, was in anderen entsprechenden Berufsgruppen üblich ist. Das ist die Folge der starken Abhängigkeit des RU von den umgreifenden Sozialsystemen Schule, Kirche und Gesellschaft. Wer also die Reform des RU will, muß auch die Reform der Schule, die Reform der Kirche und die Reform der Gesellschaft betreiben."[7]

Mit dem Synodenbeschluß wurde dem Religionslehrer ein Papier zur Hand gegeben, das zwar einerseits hohe Anforderungen an ihn stellt, andererseits ihm aber die Möglichkeit eröffnet, daß er nicht täglich die Existenzberechtigung dieses Faches unter Beweis stellen muß (1.1.2).

E Ergebnis und Schlußbetrachtung

Zu Beginn der Arbeit wurde die Frage gestellt, ob die Forderungen der derzeitigen Erziehungswissenschaft für den im Synodenpapier konzipierten Religionsunterricht Gültigkeit haben. Da es sich bei dem betroffenen Phänomen um Unterricht handelt, wurden drei grundlegende Kategorien aus diesem Bereich ausgewählt, die als Kriterien zur Beantwortung dieser Frage dienen sollten:
Sozialisation, Emanzipation, Curriculum.
Bei der Analyse wurde deutlich, daß im Synodenpapier der Diskussionsstand der letzten Jahre voll Berücksichtigung findet. Wenn ein künftiger Religionsunterricht den Forderungen der Synode standhalten will, muß er die Selbstverwirklichung und Mündigkeit des Schülers, seine Emanzipation, im Auge haben, die möglichst durch „offene Curricula" erreicht werden soll, in einem Unterricht und Erziehungsprozeß, der auf Interaktion beruht. Die Beschreibung des Zielspektrums, der Ziele, der Aufgaben, der Rolle des Schülers und des Lehrers lassen hier keinen Zweifel.
Damit ist auch die zweite Frage beantwortet, ob der Beschluß in sich pädagogisch „stimmig" ist. Die Analyse zeigte, daß bei heutigem Unterricht ein sich entsprechendes Verständnis *aller drei* Kategorien notwendig ist, da Interaktion, Emanzipation und „offene Curricula" sich gegenseitig ergänzen. Zwar könnte man hier einhaken, daß der im Papier vertretene Emanzipationsbegriff nicht identisch sei mit dem von der „Kritischen Theorie" vertretenen. Muß er das sein? Schließlich gibt es auch dort sehr unterschiedliche Ansätze der einzelnen Vertreter. Auch der im Synodenpapier vertretene Ansatz schließt Gesellschaftskritik und Aufruf zur Reform mit ein; er bleibt aber dort nicht einseitig gesellschaftsbezogen hängen, sondern sieht auch noch das Transzendentale und gibt dadurch auch dem Menschen, der nicht nur von Gesellschaftstheorien lebt, Möglichkeiten der Befreiung, und zwar jetzt schon, nicht erst in ferner Zukunft. Als Ziel wird ein Mensch gesehen, der die Wirklichkeit in Frage stellen kann und die vorhandenen Verhältnisse nicht als unveränderbar ansieht. Daß es die katholische Kirche in der Bundesrepublik Deutschland mit einer solchen Zielsetzung der Emanzipation ernst meint, zeigt doch am überzeugendsten gerade das Verfahren der Festlegung dieser Ziele: *die Synode beschließt*. Nicht irgendwelche anonymen Fachleute legten Ziele und Aufgaben fest – wie das in den meisten der anderen schulischen Fächer bisher geschah –, sondern eine breite Basis beteiligte sich daran. Welches Schulfach kann so etwas nachweisen? Hier wurde erstmals versucht, Zielsetzungen und Aufgaben eines Schulfaches in Diskussion mit den Betroffenen auf demokratischem Wege – wobei man sich der vielen Fragezeichen durchaus bewußt ist – festzulegen. Das bedeutet einerseits praktizierte Emanzipation und andererseits Erfüllung von Idealforderungen mancher Curriculum-Theoretiker. Bei der Frage der „Stimmigkeit" wäre eventuell noch zu bemängeln, daß sich die im übrigen Papier vertretene Grundkonzeption und Offenheit nicht konsequenterweise auch bei der Frage der Konfessionalität niedergeschlagen hat. Hier entstand eindeutig ein Kompromiß, der aber zukünftige Entwicklungen nicht blockiert.
Dieser Beschluß schlägt Brücken unter den verschiedenen religionspädagogischen Richtungen. Er integriert die konträren Auffassungen wie Information–Verkündigung, Bibelunterricht–problemorientierter Unterricht, nur schulische Begründung– nur theologische Be-

gründung. Er zeigt einen Weg auf zwischen einem rein katechetischen Unterricht und einem schon vielerorts praktizierten Religionsunterricht, in dem *nur noch* von Strukturveränderung, § 218, Euthanasie und Drogen gesprochen wurde (ohne die Wichtigkeit dieser Problemkreise zu verkennen).

Er ist aber nicht ein einfacher Kompromiß, sondern ein Neuansatz. Ihm gelingt die Trennung von Katechese und schulischem Religionsunterricht, zeigt aber gleichzeitig die Notwendigkeit des Zusammenwirkens beider auf.

Die Synode hat gezeigt, daß ein Religionsunterricht mit dieser Zielsetzung und mit dieser kulturgeschichtlichen, anthropologischen und gesellschaftlichen Begründung auch in Zukunft seinen berechtigten Platz im Fächerkanon der öffentlichen Schulen hat.

ANMERKUNGEN

B: Der Beschluß

1 Vgl. *Werners, H.*, Erfahrungen mit der Würzburger Synode. In: *Emeis, D./Sauermost, B.*, Synode – Ende oder Anfang. Düsseldorf 1976, S. 25/26
2 *Forster, K.*, Synode. Amtliche Mitteilung der Gemeinsamen Synode 5/1971, S. 22
3 *Homeyer, J.*, Protokoll der 4. Vollversammlung der Gemeinsamen Synode der Bistümer in der Bundesrepublik Deutschland, 21.–25.11.1973, S. 142
4 Ebd., S. 150
5 Ebd., S. 143
6 Ebd., S. 158
7 Ebd., S. 170
8 Ebd., S. 140
9 *Homeyer, J.*, Der Religionsunterricht in der Schule. Heftreihe: Synodenbeschlüsse Nr. 4. Der folgende Beschlußtext ist eine Kopie dieses Heftes.

C I: Sozialisation

1 *Fisch, H.*, Gesellschaft. In: *Fisch, H.* (Hrsg.), Sozialwissenschaften, Frankfurt 1973, S. 25
2 *Rückriem, G.M.*, Der gesellschaftliche Zusammenhang der Erziehung. In: Funk-Kolleg Erziehungswissenschaft 1, Frankfurt/M. 1971, S. 265
3 *Mollenhauer, K.*, Sozialisation. In: Neues Pädagogisches Lexikon, Stuttgart 1971, Spalte 1069
4 *Wulf, Chr.*, Wörterbuch der Erziehung. München 1972, S. 541
5 *Fend, H.*, Sozialisierung und Erziehung. Weinheim [6]1973, S. 19
6 Ebd., S. 20
7 *Krech, D./Crutchfield, R.S.*, Grundlagen der Psychologie I. Weinheim [2]1969, S. 401
8 *Fend, H.*, a.a.O., S. 31
9 *Durkheim, E.*, Education et sociologie, Paris 1923, zitiert nach: P. Fauconnet. Das pädagogische Werk Durkheims. In: Emil Durkheim, Erziehung, Moral und Gesellschaft. Hrsg.: *Maus/Fürstenberg/Benseler*, Neuwied 1973, S. 8
10 *Durkheim, E.*, zitiert nach: *H.G. Rolff*, Sozialisation und Auslese durch die Schule. Gesellschaft und Erziehung, Teil VII, Heidelberg 1967, S. 20
11 *Durkheim, E.*, Erziehung, Moral und Gesellschaft, a.a.O., S. 137/138
12 *Krappmann, L.*, Neuere Rollenkonzepte als Erklärungsmöglichkeit für Sozialisationsprozesse. In: b:e, Weinheim 3/1971, S. 27
13 *Gottschalch, W. u.a.*, Sozialisationsforschung. Frankfurt/M., 1971, S. 46/47
14 *Krappmann, L.*, a.a.O., S. 27/28
15 *Brezinka, W.*, Erziehung als Lebenshilfe, Wien 1957
16 Ebd., S. 44
17 Ebd., S. 52
18 *Pressel, A.*, Sozialisation. In: *Beck, J.* u.a., Erziehung in der Klassengesellschaft, München 1971, S. 126
19 *Bittner, G.*, Entwicklung oder Sozialisation? In: Neue Sammlung 14 (1974), S. 391
20 *Fend, H.*, a.a.O., S. 23
21 Ebd., S. 44/45
22 Ebd., S. 46
23 Ebd., S. 48
24 Ebd., S. 52
25 *Habermas, J.*, Theorie der Sozialisation. Thesen der Vorlesung im SS 1968
26 *Krappmann, L.*, Soziologische Dimensionen der Identität, Stuttgart [4]1975
27 *Oevermann, U.*, Sprache und soziale Herkunft, Berlin 1970
28 *Habermas, J.*, a.a.O., S. 10

29 *Krappmann, L.*, Neuere Rollenkonzepte als Erklärungsmöglichkeit für Sozialisationsprozesse, a.a.O., S. 30

30 *Mitscherlich, A.*, Das soziale und das persönliche Ich. In: Kölner Zeitschrift für Soziologie und Sozialpsychologie, 1966, S. 21 ff.

31 *Krappmann, L.*, a.a.O., S. 30

32 *Habermas, J.*, a.a.O., S. 13

33 *Mollenhauer, K.*, Theorien zum Erziehungsprozeß. München ^{2}1974

34 *Rauch, E./Anzinger, W.*, Wörterbuch Kritische Erziehung. Starnberg ^{3}1972, S. 255

35 *Wirth, I.*, Sozialisation und Erziehung. In: *Groothoff, H.H.*, Pädagogik, Frankfurt ^{12}1975, S. 291

C II: Emanzipation

1 *Mollenhauer, K.*, Erziehung und Emanzipation. München 1968

2 *Habermas, J.*, Erkenntnis und Interesse. Frankfurt/M. 1968

3 *Funkkolleg Erziehungswissenschaft*, Band 1–3, Frankfurt 1970

4 *Langenscheidts Taschenwörterbuch*, Lateinisch – Deutsch, Berlin–München–Zürich 1963, S. 189

5 *Menge–Güthling*, Enzyklopädisches Wörterbuch, Latein – Deutsch, Berlin 1954, S. 252

6 *Kluge, F.*, Wörterbuch der deutschen Sprache, Berlin ^{19}1963, S. 164

7 *Giesecke, H.*, Jugendarbeit und Emanzipation. In: Neue Sammlung 11 (1971), S. 217

8 Ebd., S. 218

9 *Lempert, W.*, Zum Begriff der Emanzipation. In: Neue Sammlung 13 (1973), S. 63

10 *Marx, K.*, Bildung und Erziehung. Studientexte zur Marxschen Bildungskonzeption, Paderborn 1968, S. 170

11 Ebd., S. 65

12 *Oelschlägel, D.*, Emanzipation. In: *Rauch/Anzinger*, a.a.O., S. 72/73

13 *Giesecke, H.*, a.a.O., S. 219

14 *Ders.*, Brezinkas gesammelte Ressentiments. In: Neue Sammlung 15 (1975), S. 586

15 *Mollenhauer, K.*, Erziehung und Emanzipation, München ^{5}1971, S. 10

16 Ebd., S. 11

17 Ebd., S. 67

18 *Giesecke, H.*, Einführung in die Pädagogik, München 1969, S. 47/48

19 *Ders.*, Die Jugendarbeit, München ^{2}1973, S. 152

20 *Lempert, W.*, a.a.O., S. 69

21 *Ders.*, Bildungsforschung und Emanzipation. In: *Uhlig, D.*, Theorie und Methode der Erziehungswissenschaft, Weinheim 1972, S. 479/498

22 *Funkkolleg Erziehungswissenschaft* 3, Frankfurt/M. ^{2}1971, S. 265

23 *Oelschlägel, D.*, a.a.O., S. 73–75

24 *Gamm, H.-H.*, Kritische Schule. Eine Streitschrift für die Emanzipation von Lehrern und Schülern, München 1970, S. 222

25 *Pressel, A.*, Thesen zur emanzipatorischen Erziehung. In: *Beck, J. u.a.*, Erziehung in der Klassengesellschaft, a.a.O., S. 149–151

26 *Kron, F.W.*, Antiautoritäre Erziehung, Bad Heilbrunn, 1973, S. 8

27 Ebd., S. 9

28 Ebd.

29 Ebd., S. 11

30 *Kuckartz, W.*, Antiautoritäre Erziehung in der Kritik. In: *Kron, F.W.*, Antiautoritäre Erziehung, a.a.O., S. 106

31 *Gräßle, E.*, Zur religionspädagogischen Auseinandersetzung mit gegenwärtigen Zeitströmungen: Emanzipation und Erlösung. In: Zeitschrift rhs 3/77, S. 120

32 *Engels, Fr.*, In: Marx-Engels-Werke, 1964, Bd. 18, S. 307

33 *Strzelewicz, W.*, Herrschaft oder Zwang? Systeme und Interpretationen der Autorität heute. In: *Hartfiel, G.* (Hg.). Die autoritäre Gesellschaft, Opladen^{3} 1972, S. 32

34 *Lempert, W.*, Zum Begriff der Emanzipation, a.a.O., S. 64

35 *Strzelewicz, W.*, a.a.O., S. 32

C III: Curriculum

1 *Potthoff, W.*, Curriculum-Entwicklung, Ravensburg 1973, S. 6/7
2 *Mager, R.F.*, Lernziele und programmierter Unterricht, Weinheim 1965
3 *Robinsohn, S.B.*, Bildungsreform als Revision des Curriculums. Neuwied 1967
4 *Siebert, H.*, Curricula für die Erwachsenenbildung. Braunschweig 1974, S. 19
5 *Tütken, H.*, Einleitende Bemerkungen zu den „neuen" naturwissenschaftlichen Elementarschulcurricula in den USA. in: *Tütken, H./Sprechelsen, K.*, Zielsetzung und Struktur des Curriculums. Frankfurt/M. 1970, S. 8/9
6 *Weniger, E.*, Didaktik als Bildungslehre, Teil 1: Theorie der Bildungsinhalte und des Lehrplans, Weinheim 1965
7 *Robinsohn, S.B.*, . . . angebliche Evidenz hinterfragen. In: Curriculumdiskussion, Hrsg.: Redaktion betrifft: erziehung, Weinheim 1974, S. 44
8 *Ders.*, Bildungsreform als Revision des Curriculum und ein Strukturkonzept für Curriculumentwicklung, Neuwied ^{3}1972, S. 10
9 Ebd., S. 3
10 Ebd., S. 25
11 *Ders.*, . . . angebliche Evidenz hinterfragen, a.a.O., S. 45
12 Ebd., S. 49
13 *Rauch, E./Anzinger, W.*, Wörterbuch Kritische Erziehung, a.a.O., S. 67
14 *Robinsohn, S.B.*, Bildungsreform als Revision des Curriculum, Neuwied 1967, S. 13
15 *Blankertz, H.*, Theorien und Modelle der Didaktik, München ^{8}1974, S. 171/172
16 *Buttgereit/Deuchert/Dieckmann/Holzapfel*, Zum Problem der Integration in der beruflichen Erwachsenenbildung. Zeitschrift für Berufsbildungsforschung 2/1972, S. 34
17 *Knab, D.*, Konsequenzen der Curriculum-Problematik im Hinblick auf Curriculumforschung und Lehrplanentscheidungen in der Bundesrepublik. In: *Achtenhagen, F./Meyer, H.L.*, Curriculumrevision – Möglichkeiten und Grenzen, München 1971, S. 159; *dies.*, Curriculumforschung und Lehrplanreform. In: Neue Sammlung 9 (1969), S. 180
18 *Zimmer, J.*, Curriculumforschung: Chance zur Demokratisierung der Lehrpläne. In: *Achtenhagen/Meyer*, a.a.O., S. 178
19 *Hentig, H.v.*, Wissenschaftsdidaktik. In: Wissenschaftsdidaktik 5, Sonderheft der Neuen Sammlung, Göttingen 1970, S. 40
20 *Siebert, H.*, a.a.O., S. 47
21 *Wulf, Ch.*, Wörterbuch der Erziehung, a.a.O., S. 123
22 *Siebert, H.*, a.a.O., S. 48
23 *Blankertz, H.*, Curriculumforschung – Strategien, Strukturierung, Konstruktion. Essen ^{3}1973, S. 14
24 *Achtenhagen, F./Menck, P.*, Langfristige Curriculumentwicklung und mittelfristige Curriculumforschung. In: *Achtenhagen/Meyer*, a.a.O., S. 198
25 Ebd., S. 200
26 *Heimann, P./Ott, G./Schulz, W.*, Unterricht – Analyse und Planung, Hannover ^{5}1970
27 *Thoma, G.*, Zur Entwicklung und Funktion eines „didaktischen Strukturgitters" für den politischen Unterricht In: *Blankertz*, Curriculumforschung, a.a.O., S. 94
28 *Flechsig, K.H.* u.a., Probleme der Entscheidung über Lernziele. In: *Achtenhagen/Meyer*, a.a.O., S. 244
29 Ebd., S. 250/251
30 Ebd., S. 245
31 *Radner, R.*, Mathematical specification of goals for decision problems. In: *Shelly, M.W./Bryan, G.L.*, Human judgments and optimality, New York 1964
32 *Flechsig, K.H.*, a.a.O., S. 256
33 Ebd., S. 260
34 *Blankertz, H.*, Theorien und Modelle der Didaktik, a.a.O., S. 19
35 *Möller, Ch.*, Technik der Lernplanung, Weinheim ^{3}1971
36 Ebd., S. 49/50
37 Ebd., S. 50

38 *Jensen, G.E.*, Methodology and criteria for the validation of educational aims. Doctr's dissertation, Univ. of Illinois Cunpublished, 1948
39 *Green, J.A.*, Teacher-made tests. New York 1963
40 *Möller, Chr.*, a.a.O., S. 101
41 *Mager, R.F.*, Lernziele und programmierter Unterricht, a.a.O.
42 *Bloom, B.S.*, Taxonomy of educational objectives. The classification of educational goals. Handbook I: Cognitive domain. New York 1956
43 *Krathwohl, D.R./Bloom, B.S./Masia, B.B.*, Taxonomy of educational objectives. The classification of educational goals. Handbook II: Affektive domain. New York 1964
44 *Guilford, J.P.*, A system of psychomotor abilities. American journal of psychology, Austin, Tex. 71 (1958), S. 164–174
45 *Blankertz, H.*, a.a.O., S. 157 ff.
46 *Meyer, H.L.*, Einführung in die Curriculummethodologie, München 1972, S. 88 ff.
47 *Mollenhauer, K.*, Theorien zum Erziehungsprozeß, a.a.O., S. 12/13
48 *Siebert, H.*, Curriculum für Erwachsenenbildung. Braunschweig 1974, S. 66
49 *Lenzen, D.*, Eine „eduktive" Strategie für Curriculum-Konstruktion. In: *Blankertz*, Curriculumforschung, a.a.O., S. 123
50 Ebd., S. 126/127
51 Ebd., S. 121
52 Ebd., S. 148
53 *Edelstein, W.*, Pragmatische Lehrplanrevision durch die Lehrer. In: *Burst* u.a., Weinheimer Gesamtcurricula, Heidelberg 1971, S. 9 ff.
54 *Hentig, H. von*, Curriculumreform als Gegenstand der Schule. In: Wirtschaft und Wissenschaft 16 (1970), S. 23 ff.
55 *Becker, E./Jungblut, G.*, Strategien der Bildungsproduktion. Frankfurt/M. 1972, S. 177
56 *Sachs, W./Scheilke, Chr.*, Folgeprobleme geschlossener Curricula. In: Zeitschrift für Pädagogik 19 (1973) 3, S. 386
57 *Brügelmann, H.*, Offene Curricula. In: Zeitschrift für Pädagogik 18 (1972) 1, S. 105
58 *Krappmann, L.*, Soziologische Dimension der Identität. Stuttgart [4]1975, S. 167
59 *Brügelmann, H./Brügelmann, K.*, Offene Curricula – ein leeres Versprechen? In: Die Grundschule, 1973/3, S. 166
60 *Brügelmann, H.*, Offene Curricula, a.a.O., S. 95
61 *Brügelmann, H.*, Lernziele im offenen Curriculum. In: Thema Curriculum, Hrsg.: Arbeitskreis Curriculum, Bebenhausen 1972, H. 2, S. 16 ff.
62 *Baumann, R./Stapel, G.*, Curriculum und Unterrichtsplanung. Eine Hilfe zur Analyse und Bewertung didaktischer Materialien, Teil 1 und 2, Münster (D.I.P.-Diskussion 4), 1974 und 1975
63 *Baumann, R.*, Begründung und Rechtfertigung im Curriculumprozeß. In: *Baumann, R./Neuser, H.*, Argumentation und Kommunikation in einem didaktischen Handlungsmodell. Zur Begründungs- und Rechtfertigungsproblematik im Curriculumprozeß, Münster (D.I.P.-Diskussion 3), 1974, S. 62
64 Ebd., S. 63
65 *Siebert, H.*, Curricula für die Erwachsenenbildung, Braunschweig 1974, S. 127
66 Ebd., S. 100
67 *Sachs, W./Scheilke, Chr.*, Lehrer und Curriculum. In: Thema Curriculum, a.a.O., S. 46 ff.

D I: Analyse der Situationsbeschreibung

1 *Helmreich, E.C.*, Religionsunterricht in Deutschland. Hamburg–Düsseldorf 1959, S. 17
2 Ebd., S. 19
3 *Baudler, G.*, Der geschichtliche Hintergrund der heutigen Krise des Religionsunterrichts. In: Katechetische Blätter 96 (1971), S. 335
4 *Wegenast, K.*, Das Problem des Konfirmandenunterrichts in einer säkularen Welt. In: *Feifel, E.* u.a., Handbuch der Religionspädagogik, Band 3, Zürich–Einsiedeln–Köln 1975, S. 161

5 *Feifel, E.*, Dilemma und Zuversicht der Religionspädagogik angesichts des Religionsunterrichts, unveröffentlichter Aufsatz, S. 4
6 *Baudler, G.*, a.a.O., S. 337/338
7 *Goldbrunner, J.*, Katechetische Methoden heute. München 1962, S. 130
8 Ebd., S. 137/148
9 *Hotter, K.*, Der kath. Religionsunterricht am Scheideweg der Religionspädagogik. In: *Färber, H.*, Moderner Unterricht an Höheren Schulen, München 1959, S. 12
10 *Miller, G.*, Geschichte ist Gegenwart – religionspädagogische Konzeptionen der letzten 50 Jahre. In: Katechetische Blätter 102 (1977), S. 914
11 Für die Erstellung der verschiedenen Richtungen wurde folgende Literatur zugrunde gelegt: *Miller, G.*, a.a.O.; *Heintz, K./Kaldewey, R.*, Konzepte 1, Materialien für den RU in der Sekundarstufe II, Thema: Religion, Frankfurt/M.–München 1976; *Kreis, E.*, Religionspädagogische Entwürfe der Nachkriegszeit. In: informationen zum religions-unterricht, Heft 3 und 4/1970, S. 14
12 *Tillich, P.*, Die verlorene Dimension. In: Die Frage nach dem Unbedingten, Schriften zur Religionsphilosophie (Gesammelte Werke V), Stuttgart 1964, S. 43
13 Ebd., S. 44
14 *Ders.*, Religion als eine Funktion des menschlichen Geistes? In: Die Frage nach dem Unbedingten, a.a.O., S. 40
15 *Metz, J.B.*, Kirche und Welt im Lichte einer „Politischen Theologie". In: *Ders.*, Zur Theologie der Welt, Mainz/München 1968, S. 99
16 *Sölle, D.*, Politische Theologie, Stuttgart 1971, S. 100
17 *Wössner, J.*, Die Möglichkeit von Religion. Von der Kirchensoziologie zur Religionssoziologie. In: Protokolle und Berichte Nr. 1: Die Bedeutung der Sozialisationsforschung für Theologie, Religionspädagogik und Kirche, hrsg. vom Comenius-Institut, Münster 1974, S. 40
18 *Lehmann, K.*, Zum Problem einer Konzentration der Glaubensaussagen. In: Lebendiges Zeugnis, Heft 3/4, 1970, S. 24
19 *Schulte, J.*, Verdrängt der problemorientierte Religionsunterricht den Glauben? In: Katechetische Blätter 102 (1977) S. 933
20 Ebd., S. 934
21 Zitiert nach *Schulte, J.*, a.a.O., S. 934
22 *Havers, N.*, Der Religionsunterricht – Analyse eines unbeliebten Faches. Eine empirische Untersuchung, München 1972
23 *Beckmann, H.*, Religion – eigentlich Pflichtfach. In: Rheinischer Merkur vom 10.3. 1972, S. 21
24 *Ader, A.*, Schülerflucht aus dem Religionsunterricht. In: Religiöse Seelsorge, 1974, S. 228/229

D II: Sozialisation – Synodenpapier

1 *Hirsch, E.E.*, Soziale Werte. In: Wörterbuch der Soziologie, Hrsg.: *Bernsdorf, W.*, Stuttgart [2]1969, S. 999 ff.
2 *Vaskovics, L.A.*, Religionssoziologische Aspekte der Sozialisation wertorientierter Verhaltensformen. In: Internationales Jahrbuch für Religionssoziologie, Bd. III, Köln/Opladen 1967, S. 121
3 *Blumer, H.*, Der methodologische Standort des symbolischen Interaktionismus. In: Arbeitsgruppe Bielefelder Soziologen (Hrsg.), Alltagswissen, Interaktion und gesellschaftliche Wirklichkeit. 1. Symbolischer Interaktionismus und Ethnomethodologie, Reinbek 1973, S. 92
4 Ebd., S. 92
5 Ebd., S. 94
6 *Mead, G.H.*, Geist, Identität und Gesellschaft aus der Sicht des Sozialbehaviorismus, Frankfurt/M. 1968, S. 377

[7] *Morgenthaler, Chr.*, Sozialisationstheorien in der Religionspädagogik. In: Katechetische Blätter, 102 (1977), S. 321
[8] Ebd., S. 324/325
[9] Nach seiner Auffassung gibt es keine Gesamtdarstellung individual-orientierter Theorien im Bereich klassischer Persönlichkeitstheorien und der Einzeldisziplinen Entwicklungspsychologie, Linguistik, Genetik und Ethologie.
[10] Hier ist die klassische amerikanische Sozialisationsforschung einzuordnen; vgl. *Fend, H.*, Sozialisierung und Erziehung, Weinheim [4]1971; *Caesar, B.*, Autorität in der Familie, Reinbek 1972
[11] *Brumlik, M.*, Der symbolische Interaktionismus und seine pädagogische Bedeutung, Frankfurt/M., 1973; *Mollenhauer, K.*, Theorien zum Erziehungsprozeß, München 1972; *Ulich, D.*, Pädagogische Interaktion, Weinheim 1976
[12] *Gottschalch, W. u.a.*, Sozialisationsforschung, Frankfurt/M. 1971; *Sève, L.*, Marxismus und Theorie der Persönlichkeit, Berlin [2]1973
[13] *Nipkow, K. E.*, Grundfragen der Religionspädagogik, Bd. II, Das Pädagogische Handeln der Kirche, Gütersloh 1975, S. 165
[14] Ebd., S. 166
[15] *Mollenhauer, K.*, Theorien zum Erziehungsprozeß, München 1972, S. 105
[16] *Biesinger, A.*, Plädoyer für ein interaktionistisches Sozialisationsmodell als Grundlage für ethische Erziehung. In: Katechetische Blätter 101 (1976), S. 520
[17] *Halbfas, H.*, Revision der religiösen Erziehung. In: informationen zum religions-unterricht, Heft 1/1972, S. 4–9; Heft 3/1972, S. 1–11; Heft 3/1974, S. 23–30
[18] Ders., a.a.O., 3/1974, S. 30
[19] *Stachel, G.*, Ethische Inhalte in der Sicht des Religionspädagogen. In: Katechetische Blätter 102 (1977), S. 24–33; *ders.*, Religiöse und ethische Erziehung im Sozialisationsvorgang. Ebd., S. 285–296
[20] *Ders.*, Religiöse und ethische Erziehung, a.a.O., S. 295
[21] *Ders.*, Ethische Inhalte, a.a.O., S. 27
[22] Ebd., S. 28
[23] Diese Zeichnungen wurden angefertigt nach zwei vorgegebenen Abbildungen in den oben erwähnten beiden Aufsätzen von Stachel, S. 27; S. 296

D III: Emanzipation – Synodenpapier

[1] *Vierzig, S.*, Religion und Emanzipation. In: informationen zum religions-unterricht, Heft 3 und 4/1970, S. 4
[2] *Deutscher Bildungsrat*, Strukturplan für das Bildungswesen, Stuttgart 1970, S. 31
[3] *Gräßle, E.*, Zur religionspädagogischen Auseinandersetzung mit gegenwärtigen Zeitströmungen: Emanzipation und Erlösung. In: Zeitschrift rhs, 3/1977, S. 120
[4] *Keßler, H.*, Die theologische Bedeutung des Todes Jesu, Düsseldorf 1970, S. 335
[5] *Offele, W.*, Theologische Bemerkungen zu Begriff und Entwicklung der Emanzipation. In: Katechetische Blätter 96 (1971), S. 265
[6] *Vierzig, S.*, a.a.O., S. 5
[7] *Gamm, H.-J.*, Emanzipation: Schlüsselproblem der Erziehung. In: Deutsche Schule, 1973, S. 680
[8] *Gräßle, E.*, a.a.O., S. 123
[9] *Baudler, G.*, Religionspädagogische Überlegungen zur Entwicklung eines Globalziels für den Religionsunterricht. In: Katechetische Blätter 97 (1972), S. 14
[10] Ebd.
[11] *Dross, R.*, Probleme eines ‚emanzipatorischen' Religionsunterrichts. In: Katechetische Blätter 96 (1971), S. 708
[12] *Fischer, K. G.*, Emanzipation als Lernziel der Schule von morgen. In: informationen zum religions-unterricht, Heft 3 und 4/1970, S. 6
[13] *Mitscherlich, A.*, Die Unfähigkeit zu trauern, München 1967

[14] *Siller, P.*, Emanzipation als Globalziel schulischer Erziehung und die didaktischen Möglichkeiten des Religionsunterrichts. In: Katechetische Blätter 96 (1971), S. 649/650
[15] *Grewel, H.*, Emanzipation – Aufgabe des Religionsunterrichts? In: Zeitschrift für Religions-Pädagogik 1/1975, S. 24
[16] *Fischer, K. G.*, a.a.O., S. 6

D IV: Curriculum – Synodenpapier

[1] *Langer, W.*, Die Organisation der Curriculumentwicklung für den katholischen Religionsunterricht in der Bundesrepublik. In: Katechetische Blätter 98 (1973), S. 17/18
[2] *Deutscher Bildungsrat*, Strukturplan für das Bildungswesen, Stuttgart [4]1973
[3] Ebd., S. 27
[4] *Deutsches Institut für wissenschaftliche Pädagogik und Deutscher Katecheten-Verein, Organisation der Arbeit am Curriculum für den katholischen Religionsunterricht.* D.I.P. Information Nr. 2, Münster 1973
[5] *Langer, W.*, a.a.O., S. 25
[6] Ebd., S. 29
[7] Ebd., S. 29/30
[8] *Deutscher Katecheten-Verein*, Zielfelderplan, München 1973
[9] Dieser Beschluß wird zitiert nach dem Zielfelderplan, a.a.O., S. 6/7
[10] Zielfelderplan, a.a.O., S. 27
[11] *Menck, P.*, Ansätze zur Erforschung von Unterrichtsmethode in der BRD. In: *Menck, P./Thoma, G.*, Unterrichtsmethode, München 1972, S. 172
[12] Ebd., S. 175
[13] Zielfelderplan, a.a.O., S. 16
[14] *Blessenohl, H.*, Das didaktische Strukturgitter. In: Katechetische Blätter 99 (1974), S. 355
[15] Zielfelderplan, a.a.O., S. 16
[16] *Roth, H.*, Pädagogische Anthropologie, Band II, Hannover 1971, S. 430 ff.
[17] *Antenbrink, H.*, Unterricht als Determinante kognitiven Lernens, Weinheim 1973, S. 19 ff.
[18] *Kaiser, H. J.*, Erkenntnistheoretische Grundlage pädagogischer Methodenbegriffe. In: *Menck, P./Thoma, G.*, Unterrichtsmethode, a.a.O., S. 129 ff.
[19] *Blessenohl, H.*, a.a.O., S. 356
[20] Ebd., S. 359
[21] Ebd., S. 358
[22] *Ott, R.*, Realisierung eines Curriculums am Beispiel des Zielfelderplanes. In: Katechetische Blätter 99 (1974), S. 353
[23] Diese von *Brügelmann* aufgestellten Kriterien dienten auch als Grundlage eines Arbeitspapieres für eine Fortbildungstagung für Religionslehrer im März 1974; veröffentlicht in: *Hilger, G.* Curriculumtheoretische Implikationen des Zielfelderplanes für den katholischen Religionsunterricht der Schuljahre 5–10. In: Katechetische Blätter 99 (1974), S. 440
[24] Zielfelderplan, a.a.O., S. 77
[25] Ebd., S. 72
[26] Ebd., S. 79
[27] Ebd., S. 80
[28] Ebd., S. 82
[29] Ebd., S. 76
[30] Ebd., S. 76/77
[31] Ebd., S. 31
[32] *Ott, R./Miller, G.*, Zielfelderplan – Dialog mit den Wissenschaften, München 1976
[33] Zielfelderplan, a.a.O., S. 80/81
[34] *Baudler, G.*, Lehrpläne, Zielfelderpläne, Curriculumarbeit. In: Katechetische Blätter 102 (1977), S. 366

[35] Ebd., S. 366
[36] Ebd., S. 367
[37] Ebd., S. 366
[38] Ebd., S. 368
[39] Ebd., S. 367/368
[40] *Fuchs, G.*, Glaubhaft ist nur die Liebe. In: Katechetische Blätter 102 (1977), S. 375

D V: Konfessionalität – Synodenpapier

[1] *Vierzig, S.*, Thesen zum konfessionell-kooperativen Religionsunterricht. In: informationen zum religions-unterricht, Heft 2/1973, S. 5–7
[2] *Scholl, N.*, Religionspädagogische Aspekte für einen kooperativ-konfessionellen Religionsunterricht. In: informationen zum religions-unterricht, Heft 2/1973, S. 1–5
[3] *Otto, G.*, Das Ende des konfessionellen Religionsunterrichts? In: *Esser, W. G.*, Zum Religionsunterricht morgen, Bd. 1, München–Wuppertal 1970, S. 96–109
[4] *Werner, H.*, Religionsunterricht heute – ökumenischer Unterricht. In: Evangelischer Erzieher 1970, S. 177–186
[5] *Halbfas, H.*, Die Konfessionen im Religionsunterricht. In: *Halbfas, H.*, Aufklärung und Widerstand, Düsseldorf–Stuttgart 1971, S. 59–71; *ders.*, Christen und Atheisten, ebd., S. 72–78
[6] *Berger, P. L.*, Soziologische Betrachtungen über die Zukunft der Religion. In: *Schatz, O.*, Hat die Religion Zukunft, Graz–Wien–Köln 1971, S. 49–68
[7] *Luckmann, Th.*, Verfall, Fortbestand oder Verwandlung des Religiösen in der modernen Gesellschaft? In: *Schatz, O.*, a.a.O., S. 69–82
[8] *Esser, W. G.*, Religiosität und Konfessionalität. In: Katechetische Blätter 99 (1974), S. 453
[9] Ebd., S. 454
[10] *Pfister, G.*, Religionsunterricht als „indirekte Ökumene". In: Katechetische Blätter 98 (1973), S. 302/303

D VI: Lehrer – Synodenpapier

[1] *Schmitt, R.*, Religiöse Erziehung – ohne Erfolg? Weinheim 1971, S. 185
[2] *Meueler, E.*, Katechismus und Curriculum. Düsseldorf 1973, S. 155
[3] *Battke, A.*, Liegt die Krise des RU hinter uns? Zur Situation des Religionslehrers. In: Katechetische Blätter 99 (1974), S. 421
[4] *Volz, L.*, Der Synodenbeschluß über den Religionsunterricht: Eine Hilfe für den Lehrer? In: Für die Seelsorge, Pastoralbeilage zum Oberhirtlichen Verordnungsblatt für das Bistum Speyer, Nr. 4, 1975, S. 264
[5] Ebd., S. 269/270
[6] *Battke, A.*, Zwischen Kirche und Pädagogik. Eine empirische Untersuchung zur Berufsproblematik der Religionslehrer in der Diözese Rottenburg. In: Katechetische Blätter 99 (1974), S. 688
[7] Ebd., S. 691

LITERATURVERZEICHNIS

Achtenhagen, F./Menck, P., Langfristige Curriculumentwicklung und mittelfristige Curriculumforschung. In: *Achtenhagen, F./Meyer, H.L.*, Curriculumrevision – Möglichkeiten und Grenzen, München 1971

Achtenhagen, F./Meyer, H.L., Curriculumrevision – Möglichkeiten und Grenzen, München 1971

Ader, A., Schülerflucht aus dem Religionsunterricht. In: Religiöse Seelsorge, 1974

Antenbrink, H., Unterricht als Determinante kognitiven Lernens, Weinheim 1973

Battke, A., Liegt die Krise des RU hinter uns? Zur Situation des Religionslehrers. In: Katechetische Blätter 99/1974

Battke, A., Zwischen Kirche und Pädagogik. Eine empirische Untersuchung zur Berufsproblematik der Religionslehrer in der Diözese Rottenburg. In: Katechetische Blätter, 99/1974

Baudler, G., Der geschichtliche Hintergrund der heutigen Krise des Religionsunterrichts. In: Katechetische Blätter 96/1971

Baudler, G., Lehrpläne, Zielfelderpläne, Curriculumarbeit. In: Katechetische Blätter 102/1977

Baudler, G., Religionspädagogische Überlegungen zur Entwicklung eines Globalziels für den Religionsunterricht. In: Katechetische Blätter 97/1972

Baumann, R., Begründung und Rechtfertigung im Curriculumprozeß. In: *Baumann, R./Neuser, H.*, Argumentation und Kommunikation in einem didaktischen Handlungsmodell. Zur Begründungs- und Rechtfertigungsproblematik im Curriculumprozeß, Münster (D.I.P.-Diskussion 3), 1974

Baumann, R./Stapel, G., Curriculum und Unterrichtsplanung. Eine Hilfe zur Analyse und Bewertung didaktischer Materialien, Teil 1 und 2, Münster (D.I.P.-Diskussion 4), 1974 und 1975

Beck, J. u.a., Erziehung in der Klassengesellschaft, München 1971

Becker, E./Jungblut, G., Strategien der Bildungsproduktion, Frankfurt 1972

Beckmann, H., Religion – eigentlich Pflichtfach. In: Rheinischer Merkur vom 10.3.1972

Berger, P.L., Soziologische Betrachtungen über die Zukunft der Religion. In: *Schatz, O.*, Hat die Religion Zukunft, Graz/Wien/Köln 1971

Biesinger, A., Plädoyer für ein interaktionistisches Sozialisationsmodell als Grundlage für ethische Erziehung. In: Katechetische Blätter, 101/1976

Bittner, G., Entwicklung oder Sozialisation? In: Neue Sammlung 14/1974

Blankertz, H., Curriculumforschung – Strategien, Strukturierung, Konstruktion, Essen [3]1973

Blankertz, H., Theorien und Modelle der Didaktik, München [8]1974

Blessenohl, H., Das didaktische Strukturgitter. In: Katechetische Blätter, 99/1974

Bloom, B.S., Taxonomy of educational objektives. The classification of educational goals. Handbook I: Cognitive domain. New York 1956

Blumer, H., Der methodologische Standort des symbolischen Interaktionismus. In: Arbeitsgruppe Bielefelder Soziologen (Hrsg.), Alltagswissen, Interaktion und gesellschaftliche Wirklichkeit. 1. Symbolischer Interaktionismus und Ethnomethodologie, Reinbek 1973

Brezinka, W., Erziehung als Lebenshilfe, Wien 1957

Brezinka, W., Erziehung und Kulturrevolution, München 1974
Brügelmann, H., Lernziele im offenen Curriculum. In: Thema Curriculum, Hrsg.: Arbeitskreis Curriculum, Bebenhausen 1972, H. 2
Brügelmann, H., Offene Curricula. In: Zeitschrift für Pädagogik, 18/1972, Heft 1
Brügelmann, H./Brügelmann, K., Offene Curricula – ein leeres Versprechen? In: Die Grundschule, 1973/3
Brumlik, M., Der symbolische Interaktionismus und seine pädagogische Bedeutung, Frankfurt/M. 1973
Buttgereit/Deuchert/Dieckmann/Holzapfel, Zum Problem der Integration in der beruflichen Erwachsenenbildung, Zeitschrift für Berufsbildungsforschung, 2/1972
Caesar, B., Autorität in der Familie, Reinbek 1972
Deutscher Bildungsrat, Strukturplan für das Bildungswesen, Stuttgart [4]1973
Deutsches Institut für wissenschaftliche Pädagogik und Deutscher Katecheten-Verein, Organisation der Arbeit im Curriculum für den katholischen Religionsunterricht, D.I.P. Information Nr. 2, Münster 1973
Deutscher Katecheten-Verein, Zielfelderplan, München 1973
Dross, R., Probleme eines „emanzipatorischen" Religionsunterrichts. In: Katechetische Blätter, 96/1971
Durkheim, E., Education et sociologie, Paris 1923, zitiert nach: *P. Fauconnet*, Das pädagogische Werk Durkheims, In: *Emil Durkheim*, Erziehung, Moral und Gesellschaft. Hrsg.: *Maus/Fürstenberg/Benseler*, Neuwied 1973, S. 8
Durkheim, E., Erziehung, Moral und Gesellschaft, Hrsg.: *Maus/Fürstenberg/Benseler,* Neuwied 1973
Edelstein, W., Pragmatische Lehrplanrevision durch die Lehrer, In: *Burst u.a.*, Weinheimer Gesamtcurricula, Heidelberg 1971
Emeis, D./Sauermost, B., Synode – Ende oder Anfang, Düsseldorf 1976
Engels, Fr., In: Marx-Engels-Werke, 1964, Bd. 18
Esser, W.G., Religiosität und Konfessionalität, In: Katechetische Blätter, 99/1974
Exeler, A., Wesen und Aufgabe der Katechese, Freiburg 1966
Feifel, E., Dilemma und Zuversicht der Religionspädagogik angesichts des Religionsunterrichts, unveröffentlicher Aufsatz
Fend, H., Sozialisierung und Erziehung, Weinheim [6]1973
Fisch, H., Gesellschaft, In: *Fisch, H.* (Hrsg.), Sozialwissenschaften, Frankfurt 1973
Fischer, K.G., Emanzipation als Lernziel der Schule von morgen, In: informationen zum religions-unterricht, 3 und 4/1970
Fuchs, G., Glaubhaft ist nur die Liebe, In: Katechetische Blätter, 102/1977
Funkkolleg Erziehungswissenschaft, Band 1–3, Frankfurt 1970
Flechsig, K.H. u.a., Probleme der Entscheidung über Lernziele, In: *Achtenhagen, F./Meyer, H.L.*, Curriculumrevision – Möglichkeiten und Grenzen, München 1971
Forster, K., Synode, Amtliche Mitteilungen der Gemeinsamen Synode 5/1971
Gamm, H.-J., Emanzipation: Schlüsselproblem der Erziehung. In: Deutsche Schule, 1973
Gamm, H.-J., Kritische Schule. Eine Streitschrift für die Emanzipation von Lehrern und Schülern, München 1970
Gamm, H.-J., Studie über die Lehrerrolle zwischen Sozialwissenschaft und Anthropologie. In: Bildung und Erziehung, Weinheim 1970
Giesecke, H., Brezinkas gesammelte Ressentiments. In: Neue Sammlung, 15/1975

Giesecke, H., Die Jugendarbeit, München [2]1973
Giesecke, H., Einführung in die Pädagogik, München 1969
Goldbrunner, J., Katechetische Methoden heute, München 1962
Gottschalch, W. u.a., Sozialisationsforschung, Frankfurt 1971
Gräßle, E., Zur religionspädagogischen Auseinandersetzung mit gegenwärtigen Zeitströmungen: Emanzipation und Erlösung. In: Zeitschrift rhs, 3/1977
Green, J.A., Teacher-made tests. New York 1963
Grewel, H., Emanzipation – Aufgabe des Religionsunterrichts? In: Zeitschrift für Religions-Pädagogik 1/1975
Guilford, J.P., A system of psychomotor abilities. American journal of psychology, Austin, Tex. 71/1958
Habermas, J., Erkenntnis und Interesse, Frankfurt/M. 1968
Habermas, J., Theorie der Sozialisation, Thesen der Vorlesung im SS 1968
Habermas, J., Theorie und Praxis, Frankfurt 1971
Halbfas, H., Aufklärung und Widerstand, Düsseldorf/Stuttgart 1971
Halbfas, H., Revision der religiösen Erziehung. In: informationen zum religions-unterricht 1/1972; 3/1972; 3/1974
Hartfiel, G., Die autoritäre Gesellschaft, Opladen [3]1972
Havers, N., Der Religionsunterricht – Analyse eines unbeliebten Faches. Eine empirische Untersuchung, München 1972
Heimann, P./Ott, G./Schulz, W., Unterricht – Analyse und Planung, Hannover [5]1970
Heintz, K./Kaldewey, R., Konzepte 1, Materialien für den RU in der Sekundarstufe II, Thema: Religion, Frankfurt/M./München 1976
Helmreich, E.C., Religionsunterricht in Deutschland, Hamburg/Düsseldorf 1959
Hentig, H. von, Curriculumreform als Gegenstand der Schule. In: Wirtschaft und Wissenschaft 16/1970
Hentig, H. von, Wissenschaftsdidaktik. In: Wissenschaftsdidaktik 5, Sonderheft der Neuen Sammlung, Göttingen 1970
Hilger, G., Curriculumtheoretische Implikationen des Zielfelderplanes für den Katholischen Religionsunterricht der Schuljahre 5–10. In: Katechetische Blätter 94/1974
Hirsch, E.E., Soziale Werte. In: Wörterbuch der Soziologie, Hrsg.: *Bernsdorf, W.*, Stuttgart [2]1969
Homeyer, J., Der Religionsunterricht in der Schule, Heftreihe Synodenbeschlüsse Nr. 4, 20.–24.11.1974
Homeyer, J., Protokoll der 4. Vollversammlung der Gemeinsamen Synode der Bistümer in der Bundesrepublik Deutschland, 21.–25.11.1973
Hotter, K., Der katholische Religionsunterricht am Scheideweg der Religionspädagogik. In: *Färber, H.*, Moderner Unterricht an Höheren Schulen, München 1959
Jensen, G.E., Methodology and criteria for the validation of educational aims. Doctr's dissertation, Univ. of Illinois Cunpublished, 1948
Kaiser, H.J., Erkenntnistheoretische Grundlage pädagogischer Methodenbegriffe. In: *Menck, P./Thoma, G.*, Unterrichtsmethode, München 1972
Keßler, H., Die theologische Bedeutung des Todes Jesu, Düsseldorf 1970
Klafki, W., Inhalte des Lernens und Lehrens – Das Problem der Didaktik im engeren Sinne. In: *Klafki u.a.*, Funkkolleg Erziehungswissenschaft 2, Frankfurt 1970
Kluge, F., Wörterbuch der deutschen Sprache, Berlin [19]1963

Knab, D., Curriculumforschung und Lehrplanreform. In: Neue Sammlung 9/1969
Knab, D., Konsequenzen der Curriculum-Problematik im Hinblick auf Curriculumforschung und Lehrplanentscheidungen in der Bundesrepublik. In: *Achtenhagen, F.,/Meyer, H.L.*, Curriculumrevision – Möglichkeiten und Grenzen, München 1971
Krappmann, L., Neuere Rollenkonzepte als Erklärungsmöglichkeit für Sozialisationsprozesse. In: b:e, Weinheim 3/1971
Krappmann, L., Soziologische Dimensionen der Identität, Stuttgart ^{4}1975
Krathwohl, D.R./Bloom, B.S./Masia, B.B., Taxonomy of educational objectives. The classification of educational goals. Handbook II: Affektive domain. New York 1964
Krech, D./Crutchfield, R.S., Grundlagen der Psychologie I, Weinheim ^{2}1969
Kreis, E., Religionspädagogische Entwürfe der Nachkriegszeit. In: informationen zum religions-unterricht , 3 und 4/1970
Kron, F. W., Antiautoritäre Erziehung, Bad Heilbrunn 1973
Kuckartz, W., Antiautoritäre Erziehung in der Kritik. In: *Kron, F. W.*, Antiautoritäre Erziehung, Bad Heilbrunn 1973
Langenscheidts Taschenwörterbuch, Lateinisch–Deutsch; Berlin/München/Zürich 1973
Langer, W., Die Organisation der Curriculumentwicklung für den katholischen Religionsunterricht in der Bundesrepublik. In: Katechetische Blätter, 98/1973
Lassahn, R., Einführung in die Pädagogik, UTB 178, Heidelberg 1974
Lehmann, K., Zum Problem einer Konzentration der Glaubensaussagen. In: Lebendiges Zeugnis, 3 und 4/1970
Lempert, W., Bildungsforschung und Emanzipation. In: *Uhlig, D.*, Theorie und Methode der Erziehungswissenschaft, Weinheim 1972
Lempert, W., Zum Begriff der Emanzipation. In: Neue Sammlung, 13/1973
Lenzen, D., Eine „eduktive" Strategie für Curriculum-Konstruktion. In: *Blankertz, H.*, Curriculumforschung – Strategien, Strukturierung, Konstruktion, Essen ^{3}1973
Luckmann, Th., Verfall, Fortbestand oder Verwandlung des Religiösen in der modernen Gesellschaft? In: *Schatz, O.*, Hat die Religion Zukunft, Graz/Wien/Köln 1971
Mager, R.F. Lernziele und programmierter Unterricht, Weinheim 1965
Marcuse, H., Der eindimensionale Mensch, Neuwied 1970
Marx, K., Bildung und Erziehung. Studientexte zur Marxschen Bildungskonzeption, Paderborn 1968
Marx, K., Die Frühschriften, Hrsg.: *S. Landshut,* Stuttgart 1964
Mead, G.H., Geist, Identität und Gesellschaft aus der Sicht des Sozialbehaviorismus, Frankfurt/M. 1968
Menck, P., Ansätze zur Erforschung von Unterrichtsmethode in der BRD. In: *Menck, P./Thoma, R.*, Unterrichtsmethode 1972
Menge/Güthling, Enzyklopädisches Wörterbuch, Latein–Deutsch, Berlin 1954
Metz, J.B., Kirche und Welt im Lichte einer „Politischen Theologie". In: *ders.*, Zur Theologie der Welt, Mainz/München 1968
Meueler, E., Katechismus und Curriculum, Düsseldorf 1973
Meyer, H.L., Einführung in die Curriculummethodologie, München 1972
Miller, G., Geschichte ist Gegenwart – religionspädagogische Konzeptionen der letzten 50 Jahre. In: Katechetische Blätter, 102/1977
Mitscherlich, A., Das soziale und das persönliche Ich. In: Kölner Zeitschrift für Soziologie und Sozialpsychologie, 1966

Mitscherlich, A., Die Unfähigkeit zu trauern, München 1967
Mollenhauer, K., Erziehung und Emanzipation, München [5]1971
Mollenhauer, K., Sozialisation. In: Neues Pädagogisches Lexikon, Stuttgart 1971
Mollenhauer, K., Theorien zum Erziehungsprozeß, München 1972
Müller, Ch., Technik der Lernplanung, Weinheim [3]1971
Morgenthaler, Chr., Sozialisationstheorien in der Religionspädagogik. In: Katechetische Blätter, 102/1977
Nipkow, K.E., Grundfragen der Religionspädagogik, Bd. II, Das Pädagogische Handeln der Kirche, Gütersloh 1975
Nohle, C., Geschichte des deutschen Schulwesens im Umriß. Nachdruck aus *Rhein*, Enzyklopädisches Handbuch der Pädagogik, Langensalza 1896
Oelschlägel, D., Emanzipation. In: *Rauch, E./Anzinger, W.*, Wörterbuch Kritische Erziehung, Starnberg [3]1972
Oevermann, U., Sprache und soziale Herkunft, Berlin 1970
Offele, W., Theologische Bemerkungen zum Begriff und Entwicklung der Emanzipation. In: Katechetische Blätter 96/1971
Ott, R., Realisierung eines Curriculums am Beispiel des Zielfelderplanes. In: Katechetische Blätter, 99/1974
Ott, R./Miller, G., Zielfelderplan – Dialog mit den Wissenschaften, München 1976
Otto, G., Das Ende des konfessionellen Religionsunterrichts? In: *Esser, W.G.*, Zum Religionsunterricht morgen, Bd. 1, München/Wuppertal 1970
Pfister, G., Religionsunterricht als „indirekte Ökumene“, In: Katechetische Blätter, 98/1973
Potthoff, W., Curriculum-Entwicklung, Ravensburg 1973
Pressel, A., Sozialisation. In: *Beck, J. u.a.*, Erziehung in der Klassengesellschaft, München 1971
Pressel, A., Thesen zur emanzipatorischen Erziehung. In: *Beck, J. u.a.*, Erziehung in der Klassengesellschaft, München 1971
Radner, R., Mathematical specification of goals for decision problems. In: *Shelly, M.W./ Bryan, G.L.*, Human judgments and optimality, New York 1964
Rauch, E./Anzinger, W., Wörterbuch Kritische Erziehung, Starnberg [3]1972
Robinsohn, S.B., . . . angebliche Evidenz hinterfragen. In: Curriculumdiskussion, Hrsg.: Redaktion betrifft: erziehung, Weinheim 1974
Robinsohn, S.B., Bildungsreform als Revision des Curriculum und Ein Strukturkonzept für Curriculumentwicklung, Neuwied [3]1972
Roth, H., Pädagogische Anthropologie, Bd. II, Hannover 1971
Rückriem, G.M., Der gesellschaftliche Zusammenhang der Erziehung. In: Funkkolleg Erziehungswissenschaft 1, Frankfurt 1971
Sachs, W./Scheilke, Chr., Folgeprobleme geschlossener Curricula. In: Zeitschrift für Pädagogik 19/1973, Heft 3
Sachs, W./Scheilke, Chr., Lehrer und Curriculum. In: Thema Curriculum, Hrsg.: Arbeitskreis Curriculum, Bebenhausen 1972, Heft 2
Schatz, O., Hat die Religion Zukunft? Graz/Wien/Köln 1971
Schmitt, R., Religiöse Erziehung – ohne Erfolg? Weinheim 1971
Scholl, N., Religionspädagogische Aspekte für einen kooperativ-konfessionellen Religionsunterricht. In: informationen zum religions-unterricht, 2/1973
Schulte, J., Verdrängt der problemorientierte Religionsunterricht den Glauben?, In: Katechetische Blätter, 102/1977

Sève, L., Marxismus und Theorie der Persönlichkeit, Berlin [2]1973
Siebert, H., Curricula für die Erwachsenenbildung, Braunschweig 1974
Siller, P., Emanzipation als Globalziel schulischer Erziehung und die didaktischen Möglichkeiten des Religionsunterrichts, In: Katechetische Blätter, 96/1971
Sölle, D., Politische Theologie, Stuttgart 1971
Stachel, G., Ethische Inhalte in der Sicht des Religionspädagogen. In: Katechetische Blätter, 102/1977
Stachel, G., Religiöse und ethische Erziehung im Sozialisationsvorgang, In: Katechetische Blätter, 102/1977
Strzelewicz, W., Herrschaft oder Zwang? Systeme und Interpretationen der Autorität heute. In: *Hartfiel, G.* (Hrsg.), Die autoritäre Gesellschaft, Opladen [3]1972
Thoma, G., Zur Entwicklung und Funktion eines „didaktischen Strukturgitters“ für den politischen Unterricht. In: *Blankertz, H.*, Curriculumforschung – Strategien, Strukturierung, Konstruktion, Essen [3]1973
Tillich, P., Die verlorene Dimension. In: Die Frage nach dem Unbedingten. Schriften zur Religionsphilosophie (Gesammelte Werke V), Stuttgart 1964
Tillich, P., Religion als eine Funktion des menschlichen Geistes? In: Die Frage nach dem Unbedingten. Schriften zur Religionsphilosophie (Gesammelte Werke V), Stuttgart 1964
Tütken, H., Einleitende Bemerkungen zu den „neuen“ naturwissenschaftlichen Elementarschulcurricula in den USA. In: *Tütken, H./Sprechelsen, K.*, Zielsetzung und Struktur des Curriculum, Frankfurt 1970
Ulich, D., Pädagogische Interaktion, Weinheim 1976
Vaskovics, L.A., Religionssoziologische Aspekte der Sozialisation wertorientierter Verhaltensformen. In: Internationales Jahrbuch für Religionssoziologie, Bd. III, Köln/Opladen 1967
Vierzig, S., Religion und Emanzipation. In: informationen zum religions-unterricht, 3 und 4/1970
Vierzig, S., Thesen zum konfessionell-kooperativen Religionsunterricht. In: informationen zum religions-unterricht, 2/1973
Volz, L., Der Synodenbeschluß über den Religionsunterricht: Eine Hilfe für den Lehrer? In: Für die Seelsorge, Pastoralbeilage zum Oberhirtlichen Verordnungsblatt für das Bistum Speyer, Nr. 4/1975
Wegenast, K., Das Problem des Konfirmandenunterrichts in einer säkularen Welt. In: *Feifel, E. u.a.*, Handbuch der Religionspädagogik, Band 3, Zürich/Einsiedeln/Köln 1975
Weniger, E., Didaktik als Bildungslehre, Teil 1: Theorie der Bildungsinhalte und des Lehrplanes, Weinheim 1965
Werner, H., Religionsunterricht heute – ökumenischer Unterricht. In: Evangelischer Erzieher 1970
Werners, H., Erfahrungen mit der Würzburger Synode. In: *Emeis, D./Sauermost, B.*, Synode–Ende oder Anfang, Düsseldorf 1976
Wirth, I., Sozialisation und Erziehung. In: *Groothoff, H.H.*, Pädagogik, Frankfurt [12]1975
Wössner, J., Die Möglichkeit von Religion. Von der Kirchensoziologie zur Religionssoziologie. In: Protokolle und Berichte Nr. 1: Die Bedeutung der Sozialisationsforschung für Theologie, Religionspädagogik und Kirche. Hrsg. vom Comenius-Institut, Münster 1974
Wulf, Ch., Wörterbuch der Erziehung, München 1972
Zimmer, J., Curriculumforschung: Chance zur Demokratisierung der Lehrpläne. In: *Achtenhagen, F./Meyer, H.L.*, Curriculumrevision – Möglichkeiten und Grenzen, München 1971